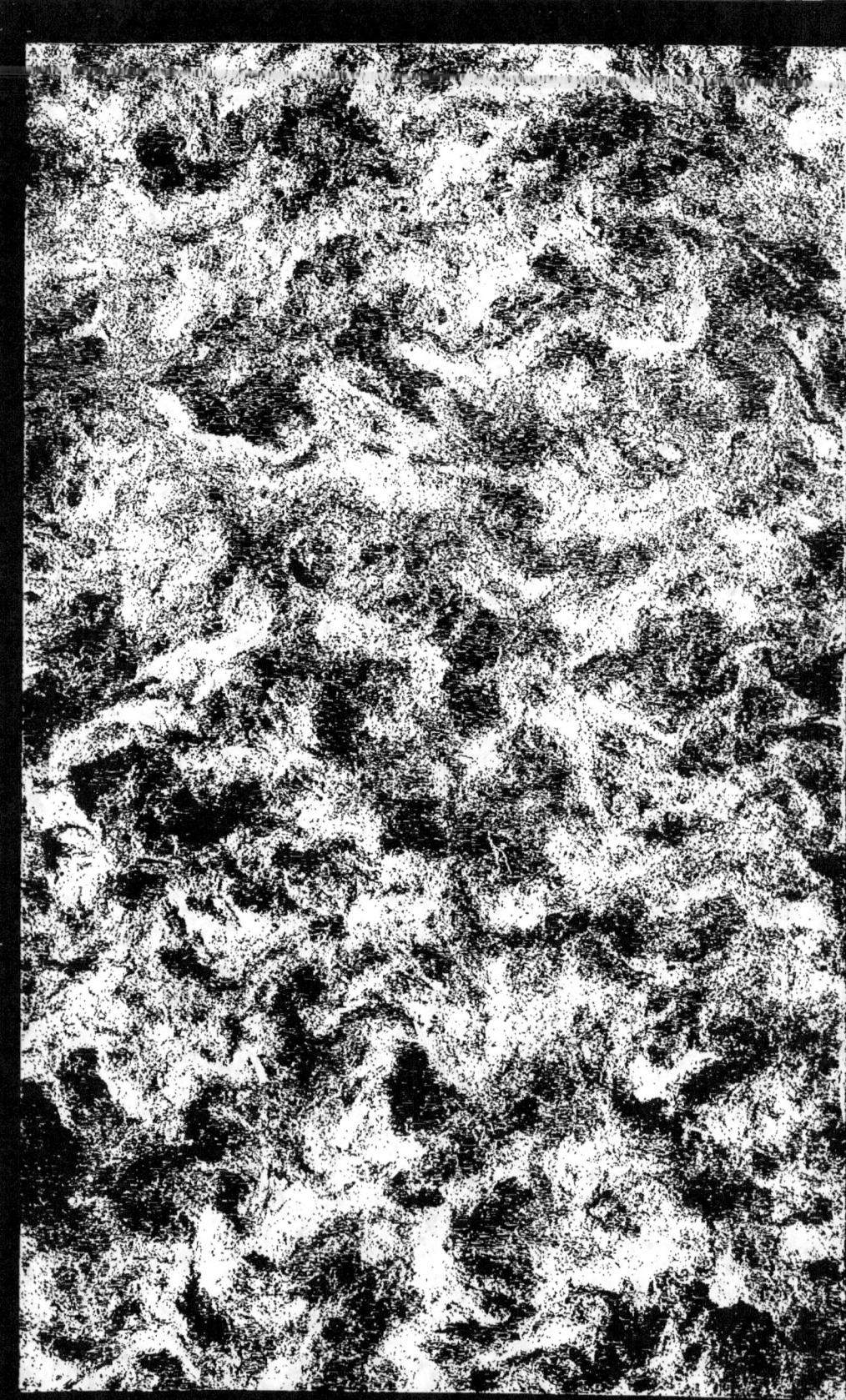

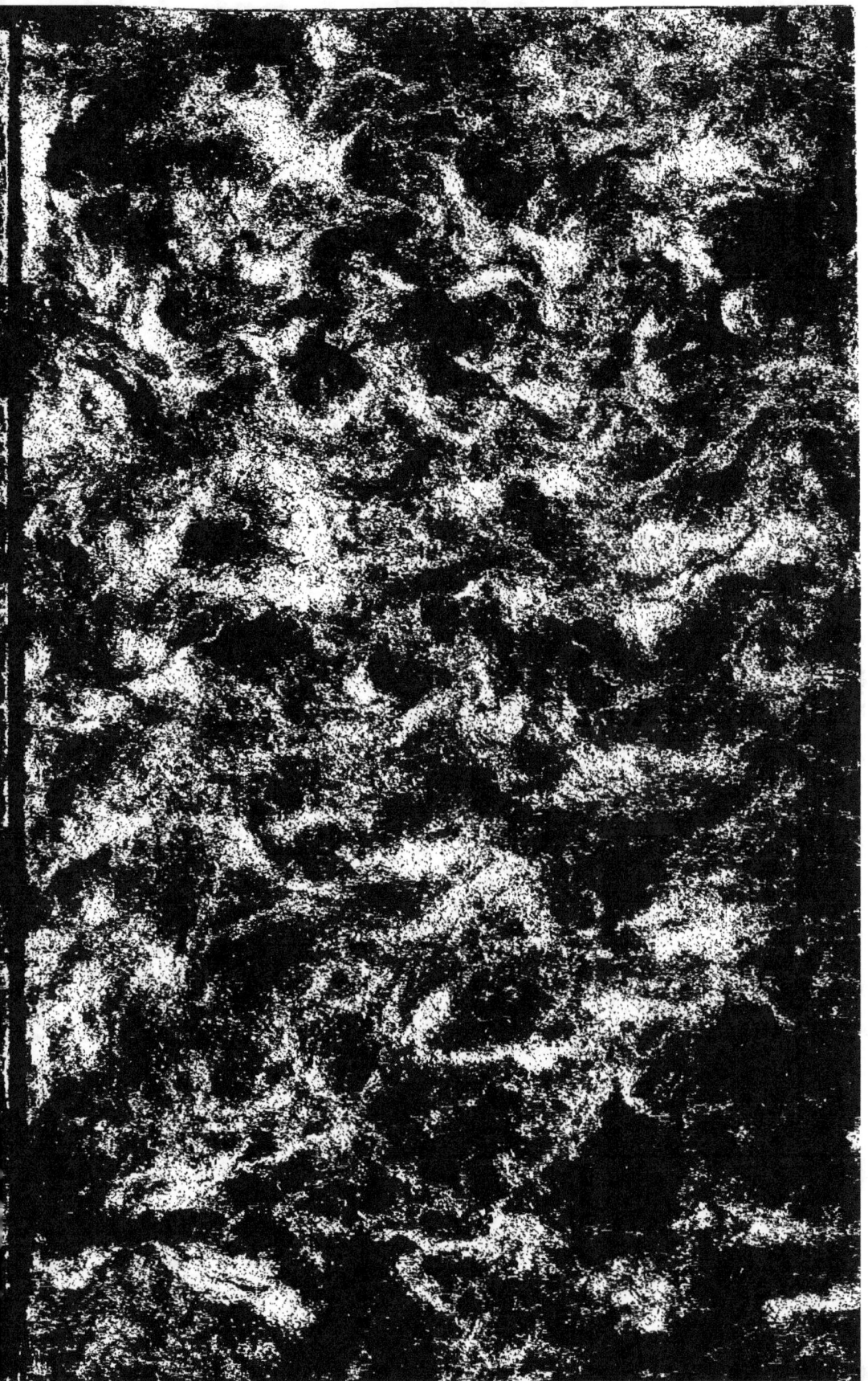

CAMP 1975

2035

V 2654
Ed. 57

24598

EXAMEN

CRITIQUE

DU SALON DE 1853.

PARIS, IMPRIMERIE DE A. BELIN,
rue Sainte-Anne, n°. 55.

EXAMEN

CRITIQUE

DU SALON DE 1833,

PAR

MM. A. ANNET ET H. TRIANON,

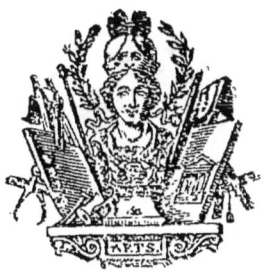

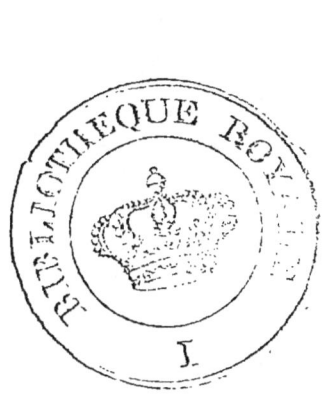

A Paris,

CHEZ DELAUNAY, LIBRAIRE,
PALAIS-ROYAL, GALERIE D'ORLÉANS.

1833.

Souscription.

EXAMEN

CRITIQUE

DU SALON DE 1833,

PAR MM. ALFRED ANNET ET HENRI TRIANON.

UN VOLUME D'ENVIRON 200 PAGES,

POUR PARAITRE LE 15 AVRIL PROCHAIN.

Prospectus.

C'est un désir généralement manifesté que celui d'avoir une revue critique et impartiale du Salon de 1833. Jamais exposition n'a été si peu appréciée; on a beaucoup parlé, on a beaucoup disputé, mais on a peu ou point jugé. Les uns ont crié à la décadence, les autres à la ruine de l'art, comme si l'art pouvait périr : ceux-ci, discutant froidement sur le Salon de cette année, et le comparant à celui des années précédentes, se sont fondés sur l'absence de quelques noms pour conclure à son infériorité; d'autres enfin se sont livrés à d'inutiles disputes de genre ou d'école, au lieu de juger les ouvrages : voilà à peu près le reflet de tout ce qui a été écrit sur ce sujet. Or, nous le demandons, est-ce là juger?

Le Salon de cette année n'est point inférieur à celui des précédentes : il y a des productions d'un autre genre, voilà tout; et c'est ce que nous espérons démontrer par l'analyse de ces productions. Il nous a semblé aussi qu'un grand nombre d'ouvrages, pleins de verve et de talent, avaient été négligés par la critique et à peine compris du public; il nous a semblé que c'était un devoir de réparer cette omission. C'est ce devoir que nous venons remplir aujourd'hui. Artistes de sentiment, aimant l'art pour lui-même, notre critique, dénuée d'âcreté, sera toujours consciencieuse; la nature et la vérité, telle sera notre devise. Nous examinerons toute œuvre de mérite, quel qu'en soit l'auteur; car, en fait d'art, ce sont les œuvres qui parlent : voilà la seule critique possible aujourd'hui, et la seule idée véritable à donner du Salon. Ainsi donc, forts de notre conviction, en offrant cet écrit au public, aujourd'hui que les portes du Louvre lui sont ouvertes, nous lui disons : lisez et jugez.

L'ouvrage paraîtra le 15 avril prochain.

ON SOUSCRIT A PARIS,

Chez Delaunay, libraire, Palais-Royal, galerie d'Orléans.

Le prix de la souscription est de 3 fr. 50 c. pour Paris, et 4 fr. pour les départemens.

Imprimerie de A. Belin.
Rue Sainte-Anne, n. 55.

PRÉFACE.

Aspect de l'art en France.

On se plaint généralement cette année de l'absence des grandes pages au Salon, et on en conclue que nous n'avons plus d'artistes capables d'en produire : on se trompe ; ce ne sont point les artistes, mais les encouragemens qui manquent ; et d'ailleurs, qu'on y songe, le mérite ne tient pas à la grandeur des ouvrages, mais à leur valeur intrinsèque : un véritable artiste se révèle jusque dans ses moindres productions ; pour lui, il y a de l'art partout, parce qu'il sait le découvrir.

L'art vit d'intelligence ; il a besoin d'être

compris et soutenu; il lui faut une impulsion qu'il suive et avec laquelle il grandisse. Mais cette impulsion, de qui doit-il la recevoir? de son siècle; et si son siècle n'en a pas? il faut qu'il s'en cherche une à lui-même. De là, l'individualisme; de là, pour chaque artiste, la nécessité de se faire une route et de la suivre : c'est ce qui arrive aujourd'hui.

Aux beaux siècles des arts, sous les Léon X, sous les Jules II, on avait des croyances; ce sont elles qui ont inspiré à Michel-Ange son Jugement Dernier, à Raphaël sa Transfiguration; mais aujourd'hui, où sont les convictions religieuses? et comment vouloir que les artistes seuls résistent à leur siècle!

Au dix-huitième siècle, en France, il n'y avait déjà plus de convictions, il n'y avait plus de grandes actions à peindre ; l'art suivit les mœurs et passa dans le boudoir : de là, les Vanloo, les Boucher.

Sous l'Empire, les croyances étaient remplacées par l'amour de la gloire, tout était tourné vers la guerre ; l'art suivit cette impulsion : de là, les admirables batailles des Gérard, des Gros : aujourd'hui, plus de foi, plus de batailles, plus de grandes actions, partant, plus d'impulsion ; chaque artiste est abandonné à lui-même : de là, nous le répétons, l'individualisme ; de là, l'originalité.

Il n'y a jamais eu tant d'art en France qu'aujourd'hui ; seulement, au lieu d'être concentré sur quelques hommes, il est répandu sur un plus grand nombre. Les artistes pullulent dans une foule de genres dont on ne soupçonnait pas même l'existence il y a vingt ans.

Il est dans l'intérêt de l'art et de l'honneur du pays de les soutenir en éclairant le goût et le jugement du public; car, aujourd'hui que l'art se modifie et tend à descendre dans la famille; aujourd'hui, qu'il veut se plier à nos mœurs et à notre vie nouvelle, c'est le public qui doit lui servir, en quelque sorte, de Léon X., de Médicis, et de Napoléon.

A.

AVERTISSEMENT.

Nous l'avons dit : en dehors de toute école, de tout système, de toute coterie, artistes de sentiment, nous jugerons des œuvres, jamais des noms; nous ne chercherons que la vérité.

La vérité, entendez-vous bien? non cette vérité de convention qui ne sait voir la nature qu'idéalement belle ou trivialement laide; mais cette vérité radicale et multiple qui, chaque jour, s'offre à nous dans la vie; cette vérité de temps, de mœurs, de localités et de contrastes qui a élevé si haut les Michel-Ange, les Raphaël, les Albert Durer, les Holbein, les Murillo, les Rembrandt et les Poussin.

Nous ajoutons : notre tâche est de mettre le public en rapport avec les artistes. Parfois, donc nous éviterons le langage technique des ateliers, pour mieux frapper l'oreille de ceux que nous voulons persuader. Nous ne nous contenterons pas non plus d'une analyse froide et raisonnée; nous suivrons plutôt les inspirations que chaque œuvre aura fait jaillir de notre ame. Heureux, si nous pouvons servir de lien conciliateur entre le public et les artistes, et rendre désormais inutile toute revue de cette sorte!

Enfin, et pour répandre plus de clarté sur l'examen auquel nous allons nous livrer, nous avons été obligés de suivre un ordre quelconque et de subdiviser les genres, sans admettre pourtant, et nous insistons sur ce point, aucune prééminence entre eux. Nous avons partagé la peinture en neuf parties : poésie, histoire, mœurs, portrait, paysage, marines, vues de ville, intérieurs et aquarelles.

Nous n'ignorons pas que cette classification n'est pas ordinaire; qu'ainsi, on a appelé jusqu'ici tableau d'histoire, un tableau, quel qu'en fût le sujet, dont les figures étaient aussi grandes que nature; et tableau de genre ou de chevalet, un tableau de petite dimension; mais cela nous a paru si peu rationnel, que nous avons préféré suivre une autre route. Nos lecteurs décideront si nous avons bien ou mal réussi.

Nous examinerons ensuite et successivement la sculpture, l'architecture, la gravure et la lithographie.

T.

EXAMEN

CRITIQUE

DU SALON DE 1835.

POÉSIE.

M. SIGALON. — 2190. — Sujet anacréontique.
Une nymphe et un faune ont enchaîné l'amour et se rient des efforts qu'il fait pour briser ses liens.

Le sujet, sans être neuf, exigeait une grande légèreté de touche et un sentiment exquis de grâce et de beauté. M. Sigalon nous paraît avoir atteint ce double but. — Le coloris, quoique d'un effet agréable, nous semble un peu imité du Corregio. Mais comment M. Sigalon a-t-il pu, après tant d'autres, nous créer un amour si naïf et cependant si fripon? — Le pauvre Cupidon était tombé dans le domaine public; c'était à qui lui arracherait une fleur de sa couronne; de preste, il était devenu lourd; de rose et frais, rouge et joufflu. M. Sigalon lui a ôté son masque, et lui a rendu ses ailes, sa grâce enfantine et ses yeux bleus.

Un autre éloge à donner à M. Sigalon, c'est d'être enfin sorti de l'éternel profil académique : ses têtes sont d'un type neuf et tout-à-fait à lui. Il y a beaucoup de charme et de désinvolture dans sa manière.

Enfin, c'est une œuvre presque complète; le dessin en est correct, sans être froid, pur, sans être guindé. La pose du faune est facile et vraie, et le caractère de sa tête est d'une finesse remarquable. La nymphe est harmonieusement penchée sur le genou du jeune homme, et le raccourci de sa jambe droite mérite d'autant plus d'éloges qu'il était plus difficile à rendre, exposé de tous sens à la lumière.

Nous aurions voulu peut-être plus de suavité dans le profil de la nymphe et un peu plus d'élévation dans l'œuvre en général.

M. BROC. — 296. — Les Envoyés de Dieu.
« L'artiste a représenté dans une vision l'an-
« cien et le nouveau Testament. Il a caractérisé
« Dieu par les trois archanges; Gabriel ou la
« prophétie, Raphaël ou la bienfaisance, ainsi
« que l'indique le texte hébreu, et Michel ou la
« force de Dieu. »

Le plus grand défaut de cette œuvre est l'absence de logique et de clarté. On est forcé de recourir à l'explication donnée par l'auteur; encore ne vous satisfait-elle qu'à demi. On a voulu représenter, dans une vision, l'ancien et le nouveau Testament, Dieu le père et le Christ son fils. Pourquoi Dieu sur la terre et le Christ au ciel? Pourquoi Dieu sous la forme de trois anges? pourquoi ces anges se promènent-ils ici-bas, en se tenant la main? Toute mission est désormais inutile; le Christ les a résumées toutes par sa mort au Golgotha.

Si maintenant nous abordons le tableau comme exécution, nous trouverons que l'ange Michel est d'un dessin assez ferme et d'un caractère de tête assez beau quoiqu'un peu froid. Les deux autres anges sont généralement moins étudiés. Celui du milieu présente une jambe dont le raccourci nous semble bien hasardé; et puis, où est l'extase intime qui doit briller dans les yeux de ces envoyés du ciel? N'ont-ils pas plutôt l'air de s'ébattre nonchalamment sur une pelouse verte? Nous ne parlerons pas des chérubins, qui nous ont paru trop lourds.

M. ORSEL. — 1821. — LE BIEN ET LE MAL.

(*Tableau du milieu.*) Une jeune fille foule aux pieds le livre de la sagesse; elle est aussitôt tentée par le démon. Une autre étudie ce livre, et se trouve aussitôt protégée par un ange.

(*Petits tableaux à gauche.*) Pudeur, mariage, maternité, bonheur.

(*Petits tableaux à droite.*) Libertinage, mépris, angoisse, désespoir.

(*Tableau du cintre.*) Le Christ repousse l'une des deux jeunes filles, et reçoit l'autre dans le ciel.

(Les ornemens qui séparent les tableaux s'y rattachent d'une manière symbolique.)

C'est une idée large et féconde que d'avoir réuni dans un seul cadre une antithèse aussi terrible que celle du vice et de la vertu : le vice entraînant sa victime à l'enfer par le libertinage, le mépris, l'angoisse et le désespoir; la vertu conduisant au ciel la jeune femme qui l'écoute, par la pudeur, le mariage, la maternité et le bonheur. Il y a là tout un drame, toute une vie humaine : là, tout n'est plus allégorique; la réalité s'y montre palpable et nue; d'un côté, on peut fouiller des yeux la destinée vengeresse du méchant; de l'autre, s'épanouir et rêver aux jours pleins et paisibles du bon.

M. Orsel a-t-il également réussi dans la forme comme dans le fond? Nous ne le croyons pas. Nous aurions désiré que l'ange du bien fût d'un dessin plus ferme; le caractère de sa tête ne nous a pas semblé bien compris. L'ange du mal n'est d'un type ni neuf ni vigoureux. La figure de la femme personnifiant le vice est d'une assez bonne couleur et d'une expression plus heureuse que celle de la femme personnifiant la vertu.

Le tableau du cintre représentant la justice divine est généralement bon. Il y a de la majesté sur le front du Christ, et quelque chose de triste et de grave dans le geste qu'il fait de la main pour repousser la pécheresse.

Nous n'en dirons pas autant des petits tableaux de droite et de gauche, dans lesquels, cependant, on retrouve quelques détails assez bien étudiés.

M. MAUZAISSE.— 3130.— Napoléon; tableau allégorique.

M. Mauzaisse nous a représenté Napoléon en frac militaire et en culotte courte, assis sur un nuage et burinant son nom sur le livre de l'immortalité... (vieux style). Le Temps (Saturne, vous savez) place une couronne d'étoiles sur la tête du grand homme. La scène se passe dans les nuages.

Le nouveau Temps de M. Mauzaisse n'est ni meilleur ni plus faible que celui de son plafond. On y retrouve toujours le même torse et la même pose académique. Du reste, Napoléon est d'une ressemblance assez exacte. On lui voudrait seulement dans la tête moins d'affectation.

M. COLIN. — 431. — Françoise de Rimini.

Le Dante, conduit par Virgile, descend dans tous les cercles de l'enfer. Ils arrivent dans celui des pécheurs charnels; leur supplice est de tourbillonner sans cesse, poussés par une tempête infernale. Le Dante souhaite entretenir Françoise de Rimini et son amant : ils quittent un instant le banc des damnés pour se rendre à son appel. Françoise raconte sa tragique histoire, à la suite de laquelle le Dante tombe privé de sentiment.

M. Colin a voulu traduire sur la toile la pensée d'un grand poète ; a-t-il réussi ? nous ne le croyons pas.

Comme ensemble, c'est un tableau manqué. Il n'y a ni couleur, ni dessin, ni caractère. L'artiste n'a pas eu l'air de se douter seulement du contraste qu'il fallait établir entre le plan gauche et le plan droit de son œuvre, entre la pâle et noble figure de Virgile et la tête rouge et hideuse des damnés. On ne sent pas, dans ce tableau, l'atmosphère lourde et brûlante que le Dante répand sur l'enfer. L'œil ne se ferme pas devant la toile ; il court çà et là sans rencontrer de ces tons crus et livides qui naissent des vives oppositions de la lumière et de l'ombre. Où est l'idée centrale qui réunit tous ces groupes épars ? D'un côté, le lac de feu et les damnés qui s'y tordent ; au-dessus, le tourbillon fatal qui passe ; à gauche, Virgile qui regarde le Dante étendu à ses pieds, et près d'eux, Françoise de Rimini et son amant qui retournent à leur supplice. N'eût-il pas fallu qu'un regard long et triste, jeté par Virgile sur les deux amans, les eût identifiés dans l'esprit du spectateur, à l'évanouissement du Dante?

Nous serons à peine plus heureux dans l'examen des détails que dans celui des masses. La figure de Virgile est d'un beau caractère et le groupe des deux amans d'une assez bonne composition. On sent bien qu'ils s'élèvent de terre et qu'ils s'envolent. Voilà tout. Mais le Dante a plutôt l'air de dormir que d'être privé de sentiment; et les damnés, plongés dans le lac de feu, ont tout au plus l'air d'hommes qui tâcheraient de s'arracher d'un gué fangeux.

M. GUICHARD. —1195. — Rêves d'amour.

Ce qui frappe d'abord dans l'aspect général de ce tableau, c'est la poésie de couleur et de sentiment qui s'y trouve répandue. Nous voudrions faire le même éloge du reste.

M. Guichard possède une riche palette et une imagination féconde; ce n'est point assez. Pourquoi s'asservir exclusivement à un seul type, le laid? Le laid trivial n'est pas plus vrai que le beau idéal, nous l'avons déjà dit. Mais s'il fallait choisir entre eux, nous n'hésiterions pas; mieux vaut, à ce prix, Raphaël que Rembrandt.

Le jeune homme, penché sur la couche de la jeune fille, est d'une laideur presque repoussante, et, ce qu'il y a de pis, c'est *que l'expression de sa figure est niaise*, et la pose par trop maniérée; ses jambes sont grêles et arquées. Le musulman debout derrière les deux jeunes gens n'est pas d'une laideur plus supportable; mais là, du moins, je la comprendrais. Si le peintre nous eût fait du jeune homme quelque chose d'aérien et de beau, le contraste fût entré à vif dans le cœur de la jeune fille, et lui eût déjà fait, en quelque sorte, sentir la pointe du poignard que tient le lugubre fantôme. Rien de tout cela.

Du reste, la jeune fille est couchée avec assez d'abandon et de volupté; il y a de bonnes parties dans le torse et dans le bras qui pend hors du lit; mais les chairs manquent de saillie et de fermeté. Au premier aspect, on dirait que c'est le jeune homme qui rêve et que la jeune fille est une apparition. Il y a, jetées pêle-mêle auprès du lit, des parures et des fleurs d'un coloris étincelant. Rien de plus heureux que d'avoir fondu, dans les nuages légers qui s'élèvent autour de la dormeuse, les mille nuances de l'arc-en-ciel.

Le fond du tableau est d'une riche composition et d'un effet délicieux; il y a bien encore, de côté et d'autre, quelques fautes de détail qui ne valent pas la peine d'être relevées ici.

1196.— LA MAUVAISE PENSÉE.

On retrouve encore ici les mêmes défauts et

les mêmes beautés que dans le tableau qui précède. Même palette riche et poétique, même faiblesse dans la composition.

Ainsi, il est évident que M. Guichard s'est inspiré du Faust de M. Scheffer. Et il lui est arrivé ce qui arrive presque toujours aux imitateurs, d'être au-dessous de son modèle. Le jeune homme est d'un caractère bien senti; mais il n'est là que sous l'impulsion d'une colère d'enfant; il n'y a pas de crime et de désespoir dans son regard. Le crime l'effraie plutôt qu'il ne l'attire. L'ange du mal placé derrière lui est mauvais, il faut trancher le mot. Il a le front trop pur et les yeux trop riants pour conseiller un crime. La pose de son corps est tourmentée. Il fait trop d'efforts pour arriver à l'oreille du jeune homme.

M. DELORME. — 654. — Sapho récite a Phaon l'ode qu'elle vient de composer.

Que dire de cette œuvre, sinon que le dessin en est mou, le coloris faux, et la composition fade et licencieuse? Nous avons vu avec peine le rapprochement que l'on pourrait faire entre ce tableau et les honteuses lithographies des Maurin, Robillard et autres. Nous nous plaisons à croire à M. Delorme trop de conscience dans son art pour ne pas profiter de cet avis.

M. BOULANGER. — 242. — Carlo et Ubaldo allant chercher Renaud dans les jardins d'Armide.

Comment se fait-il qu'avec une palette riche et variée, une touche légère et facile, M. Boulanger ne soit pas toujours goûté? Il faut sans doute l'attribuer à l'étrangeté de son dessin et au caractère qu'il prête en général à ses personnages.

Le tableau que nous avons sous les yeux est d'une composition faible et mal conçue. On ne comprend pas d'abord ce que font Carlo et Ubaldo, debouts, à côté de la source où se jouent les trois enchanteresses au regard fascinateur. On dirait deux statues de marbre; les figures sont froides et sans expression, la pose raide et guindée.

Le peintre semble avoir oublié les figures principales pour se perdre dans les détails. Il y a, du reste, de fort jolis tons de couleur dans les vases d'or, dans les fruits et dans les fleurs jetés pêle-mêle sur le premier plan. J'aime surtout ce paon qui va traînant sa belle queue sur les gazons; mais, encore une fois, que sert d'éparpiller, dans des minuties, un talent réel que l'on pourrait appliquer à des œuvres consciencieuses?

M. CIBOT. — 404. — Anges déchus. (Ils méditent la perte de l'homme. — *Milton, Paradis perdu.*)

Cette œuvre est généralement faible; il n'y a

ni dessin, ni couleur, ni caractère. On dirait que M. Cibot a voulu faire la charge de M. Levasseur dans le rôle de Bertram. Ce reproche est surtout flagrant dans celui des deux anges qui se tient debout. Nous renonçons à toute autre analyse.

Nous ajouterons pourtant qu'il y a peut-être un commencement de composition dans le second ange, quoique la pose soit forcée et que la tension des muscles soit ridicule et fausse. Quelle triste manie de hisser toujours ses personnages sur des échasses pour produire quelque effet! Et encore, si on en produisait, passe; mais non, ce ne sont que des traîtres de mélodrame, voilà tout. Ne sortirons-nous donc jamais de ces exagérations à froid qui, dans leur auteur, dénotent plus d'impuissance que de chaleur et de sentiment?

T.

HISTOIRE.

M. ABEL DE PUJOL. — 1. — ORPHA, CÉDANT AUX INSTANCES DE NOÉMI SA BELLE-MÈRE, RETOURNE A MOAB. RUTH REFUSE DE SUIVRE SON EXEMPLE. (*Sujet tiré de la Bible.*)

Oh! que M. Abel de Pujol est loin de la douce poésie répandue sur cette page des saintes Écritures! Qu'il est loin de la couleur locale qu'on s'attendait à trouver sur son tableau! Est-ce bien là cette Ruth qui disait à Noémi : « J'irai avec vous, et partout où vous demeurerez, j'y demeurerai aussi; votre peuple sera mon peuple et votre Dieu sera mon Dieu, la terre où vous mourrez me verra mourir, et je serai ensevelie où vous le serez ? » Où est la sainte résignation qui devait régner sur son visage ? Où est l'expression d'amour et de reconnaissance qui devait humecter les yeux de Noémi ? Et puis, n'est-ce pas une invraisemblance choquante que d'avoir représenté Orpha si près du premier groupe et retournant à Moab ? Est-il possible qu'Orpha, dont le texte dit : « Elle céda aux instances de Noémi, » ait eu assez d'oubli d'elle-même et de Dieu pour ne pas suivre au moins d'un long et triste regard sa belle-mère et sa sœur qui se retiraient ? Si M. Abel de Pujol tenait cependant à établir un contraste entre l'ingratitude d'Orpha et le dévouement de Ruth, ne pouvait-il pas rejeter Orpha sur un plan beaucoup plus éloigné, et faire croire ainsi qu'elle avait pu se retourner pour voir encore sa belle-mère, mais qu'elle continuait maintenant sa route ?

Le dessin, chez M. de Pujol, est toujours correct, mais froid; les chairs manquent de saillie et de fermeté. Nous ne parlerons pas du coloris; M. de Pujol ne sait faire, avec talent il est vrai, que des fresques et des grisailles. Son tableau pèche aussi par la perspective; rien ne se dégrade; il n'y a qu'un premier plan et l'horizon. L'âne, enfin, n'est ni un âne, ni un cheval, ni un mulet; il tient à la fois des trois.

M. PÉRIN. — 1871. — Tobie accompagné de l'ange, son guide, rend miraculeusement la vue a son père.

La touche et le faire de M. Périn ont beaucoup de rapport avec M. Orsel; comme lui, il a voulu imiter les anciens maîtres.

On peut lui reprocher de la timidité dans le pinceau, de la convention dans la couleur, de la gêne dans le dessin, de la faiblesse dans la composition.

C'est surtout dans le groupe principal, formé du jeune Tobie, de son père et de sa mère, que ces défauts se remarquent le plus; cependant il y a progrès: l'ange rappelle un peu sa céleste origine par la souplesse et l'harmonie de ses membres; il y a dans ses traits et dans sa pose une gravité douce et pensive qui s'accorde bien avec le sujet.

Nous devons donc plus d'encouragemens que de blâme à M. Périn.

M. CÉLESTIN NANTEUIL. — 1790. — Fuite de la sainte Famille en Égypte.

Ce tableau a l'air d'une fresque arrachée aux parois de quelque vieille basilique. Rien de plus naïf que sa vierge; rien de plus gracieux que son Jésus; la tête du vieillard, penchée, grave et pensive, sur le fils de l'homme, complète le groupe. Il n'est pas jusqu'à la présence de l'âne même qui ne répande sur la scène entière un parfum d'antiquité. On ne pourra pas reprocher à M. Nanteuil d'avoir refait le moyen âge avec du moderne. C'est ainsi que sentaient les Palme le vieux et les Giotto. C'était de ce même jour azuré et recueilli qu'ils éclairaient leurs saintes madones : même négligence (à un dégré bien moindre, cependant, que chez M. Nanteuil) dans ce qui n'était pas l'œuvre principale, même laisser-aller et même abnégation de peintre dans les imperfections que la nature leur présentait; même palette souvent trop riche, rarement monotone.

Que M. Nanteuil y prenne garde pourtant; les lignes de son dessin sont réellement trop indécises et trop heurtées; la barque n'est pas comprise, c'est un amas de bitume, voilà tout; encore se confond-t-elle avec l'eau de telle sorte qu'on ne sait si les personnages du tableau sont assis dans un creux de rocher, dans un monceau d'algues sèches ou dans une barque. On ne sait pas non plus où se trouvent le corps, la croupe et les jambes de derrière de l'âne. Le rocher qui arrête le plan gauche n'a ni vigueur, ni ton, ni modelé; l'ange n'est pas d'un caractère de tête assez élevé : je n'aime pas lui voir des ailes noires; ce ne sont pas celles que nos vieux peintres lui auraient données, ce ne sont pas celles que Moïse attribue à cette milice céleste. Les deux chérubins placés à côté de l'ange sont d'une laideur choquante.

En résumé, nous trouvons dans l'œuvre de M. Nanteuil une conviction naïvement exprimée, sans fatras comme sans manière; mais ne le lui cachons pas, il imite trop les anciens maîtres : c'est un dernier écho de la voix du passé : dans la route du présent, l'art ne peut s'arrêter davantage; lui aussi, il faut qu'il arrive à sa terre promise.

M. HESSE.—1238.—Honneurs funèbres rendus au Titien, mort a Venise pendant la peste de 1576.

En général, ce tableau est plus extraordinaire comme exécution que comme composition. Ce qu'on y remarque au premier abord, c'est l'éclat et la vigueur du coloris, l'énergie et la précision du dessin, la saillie des chairs et l'harmonie du pinceau. Il y a aussi quelque chose de solennel dans la disposition du cortége. Ce catafalque qui s'avance, porté par les parens du défunt, jette dans l'ame une tristesse profonde, mais recueillie; le premier désespoir est passé, un silence morne lui a succédé; et puis l'horrible fléau est là, qui étouffe la douleur sous son atmosphère fétide. On est habitué à la mort; quelque hideuse qu'elle puisse être, on la regarde d'un œil terne, mais sec. M. Hesse a été jusqu'au fond de cette grande idée et nous l'a reproduite tout entière.

Maintenant, si nous abordons les détails, nous verrons qu'il n'est pas une tête, pas un pli de vêtement qui ne veuille être examiné avec soin ; c'est que tout est fait avec conscience. Parmi les parens qui soutiennent le catafalque, nous remarquerons surtout un jeune homme, sur l'épaule duquel s'appuie une femme échevelée ; ce groupe est admirable de verve et de sentiment. Il n'y a pas de fatras dans la douleur de ces deux jeunes gens ; elle est simple et poignante ; rien n'a été oublié, pas même les nuances qu'il fallait établir entre la douleur d'une femme, et la douleur d'un homme : il y a, sur le front de celui-ci, une résignation sourde et muette ; il y a une expansion convulsive dans la pose de l'autre. Que son corps a de souplsse et d'abandon ! Comme son beau col est harmonieusement courbé sur la poitrine du jeune homme, et cela, sans afféterie, mais avec une vérité saisissante.

Nous nous arrêterons également à celui des parens qui se trouve placé sur le second plan et en tête du catafalque. Sa tête est penchée sur sa poitrine et ses deux mains croisées sur son ventre. C'est peut-être ce qu'il y a de plus remarquable dans le tableau. La figure porte l'empreinte d'une douleur profonde et le modelé en est d'une finesse et cependant d'un relief rare ; on y voit une étude savante de l'homme moral et de l'homme physique. La pose du corps est au-dessus de tous les éloges; ce corps n'est pas arrêté, il marche : l'illusion est complète. Il y a aussi, sur le premier plan, un guerrier armé de toutes pièces qui supporte le catafalque. Ce guerrier prouve la variété du talent de M. Hesse; l'expression de sa tête n'est plus la même que celle des autres parens; sa douleur est plus libre et plus désintéressée que la leur; car il a fait depuis long-temps abnégation de sa propre vie, en la jouant dans les combats; son œil va plus loin que la mort dont les autres s'effraient, et s'attache au vide qui vient de se faire dans l'art privé d'un de ses plus fermes appuis.

Le moine, attaqué du fléau au sein même du cortége, est d'une exécution bien sentie; son visage est déjà pâle et livide, parmi les visages tristes, mais encore animés de ceux qui l'entourent. Le mouvement de son corps qui s'affaise est vrai sans être forcé.

Sur le premier plan, se trouve un porteur qui tient les deux brancards d'une civière, sur laquelle un autre porteur place le cadavre d'une femme. Le premier porteur est vu de dos; son torse est d'un modelé largement accusé; il y a des muscles, du sang, des os, il y a de la vie sous cette enveloppe. Le second porteur est d'une égale chaleur de dessin et de composition.

Nous citerons enfin un cadavre d'homme qui

gêne la procession, et qu'un troisième porteur retire du passage. Ce cadavre est vu de raccourci, et malgré quelque mollesse de touche, il offre encore des beautés du premier ordre; la région sous-mammaire, surtout, porte bien cette couleur fauve et terreuse que la mort y imprime; les côtes sont bien distendues par le jeu qu'on leur fait subir en traînant le corps sur les dalles.

Le troisième porteur ne le cède en rien aux deux autres pour la hardiesse du dessin. Nous engageons les connaisseurs à étudier la partie dorsale du torse : l'anatomiste le plus exercé n'y trouverait rien à redire.

Abordons maintenant les défauts que l'on rencontre, dans cet ouvrage, à côté des nombreuses beautés qui y fourmillent. A l'exception des personnages que nous avons indiqués spécialement, il y a un peu de monotonie et de froideur dans l'expression générale des figures : ainsi, le jeune seigneur qui soutient un des brancards de devant du catafalque, et qui se trouve sur le premier plan, est d'une mise trop élégante et trop recherchée, d'une démarche trop insouciante et trop aisée, et d'une expression de tête trop riante, oserons-nous dire, pour l'horrible scène qu'il a devant les yeux. L'habitude de la douleur engourdit, mais n'allége pas les membres.

Nous ferons le même reproche à un seigneur vénitien qui précède le cortége, et qui, à la vue du cadavre étendu à ses pieds, lève les mains plutôt en signe d'étonnement que d'horreur.

Sortez, un instant, M. Hesse de son cortége : où est cette affluence de peuple que devait nécessairement attirer le convoi d'un homme aussi connu à Vénise que le Titien? — Vainement, m'objectera-t-on, la présence du fléau; je répondrai que la place Saint-Marc devait être couverte ou de cadavres ou de curieux; car le peuple est partout le même, insouciant et abruti dans les grandes calamités, mais soudain réveillé de sa torpeur par un désastre accidentel. Et la chose, ici, devait l'intéresser d'autant plus, qu'au lieu de brûler la dépouille du mort, comme c'était la coutume depuis l'arrivée du fléau, on allait l'enterrer avec une grande pompe.

M. Hesse s'est, en outre, trop exclusivement renfermé dans ses premiers plans; il n'y a pas d'air ni d'éloignement dans les fonds; le palais du doge ne fuit pas, et pèche contre les lois de la perspective aérienne. Mais que sont ces légers défauts dans une œuvre aussi capitale?

Avant de terminer avec M. Hesse, nous lui dirons franchement notre pensée. Il a une large carrière ouverte devant lui, mais qu'il ne se laisse pas égarer par ce premier succès. Qu'il se souvienne qu'il est de ces sommités qu'on ne touche qu'une fois, que l'on dépasse, il est vrai, mais vers lesquelles on se retourne souvent pour y jeter encore un regard de regret. M. Hesse est entré si avant dans la forme, il a une telle puissance d'exécution, que nous craignons qu'il n'ait atteint l'apogée de son talent, et qu'il n'y marche désormais de plein-pied.

M. HEIM. — 3067. — LE CARDINAL DE RICHELIEU REÇOIT LES PREMIERS ACADÉMICIENS QUI LUI PRÉSENTENT LES STATUTS DE L'ACADÉMIE.

S'il est de ces œuvres dont on ne puisse dire ni bien ni mal, c'est bien celle que nous avons sous les yeux.

Il y a cependant quelques souvenirs des bonnes années de l'auteur; mais la couleur est d'une égalité de ton désespérante, et l'expression des figures nulle. On se demande, en regardant Richelieu, si c'est bien là l'homme qui opprima le peuple par la noblesse et la noblesse par lui-même.

M. FÉRON. — 895. — VICTOR PISANI DÉLIVRÉ DE PRISON. — 896. — ANNIBAL AU SOMMET DES ALPES.

Ces deux œuvres sont généralement faibles de dessin et de composition. Il y a cependant quelques dispositions à la couleur, surtout dans le Victor Pisani. M. Féron n'aurait pas dû, dans l'Annibal, s'inspirer d'un groupe du Bonaparte à Jaffa de M. Gros. Je veux parler du soldat carthaginois, presque mourant, qu'un de ses camarades soulève à demi pour lui faire regarder les riches plaines de l'Italie; mais il y a de la vérité d'expression dans quelques uns des soldats qui découvrent ce pays.

M. COURT. — 483. — Boissy d'Anglas saluant la tête de Féraud.

Il a fallu beaucoup de persévérance à M. Court pour terminer, sans encouragement du gouvernement, cette grande page du Boissy d'Anglas. Nous craignons bien qu'il n'ait pas atteint le but auquel il marchait. Ce tableau manque de composition et de vigueur. M. Court a fait le peuple ignoble ; c'est une faute grave qui dénote aussi peu de connaissance de l'histoire que du cœur humain. Dans les révolutions, et surtout dans les allucinations sanglantes qui viennent les interrompre à temps inégaux, le peuple est souvent hideux de passion, jamais ignoble ; le hideux engendre l'effroi et l'horreur ; l'ignoble, le mépris.

M. Court n'a guère mieux réussi dans l'expression qu'il répand sur le front de quelques conventionnels. Boissy d'Anglas n'a rien de cette exaltation héroïque qui le faisait se découvrir devant la tête échevelée et livide de son ami Féraud.

Enfin, il n'y a peut-être pas une seule tête dont le caractère ait été compris et rendu. La lumière, également distribuée sur toutes les parties du tableau, lui ôte ce qu'il aurait pu avoir de sombre et de terrible.

Malgré tous ces défauts, M. Court est encore lui, dans quelques détails d'une beauté réelle.

M. WATTIER. — 2437. — Anniversaire de juillet (1831).

Au milieu de la nuit, des ouvriers viennent réciter, devant le portique du Panthéon, des chants nationaux en l'honneur de leurs camarades morts pour la liberté.

Voici, sans contredit, le seul tableau remarquable que la révolution de juillet ait inspiré. C'était à qui exploiterait ou plutôt souillerait cette pauvre révolution de juillet; le dégoût nous en venait aux lèvres. M. Horace Vernet lui-même a voulu nous porter le dernier coup par sa scène des barricades. M. Wattier a été plus heureux; il y a dans son œuvre autant de verve et de sentiment que d'exécution. C'est un effet de nuit. Le peuple est agenouillé au bas de l'escalier du Panthéon; trois ouvriers, détachés de la foule, chantent l'hymne patriotique. Sur le dernier plan et à gauche du tableau, se tient debout un jeune homme dont la main gauche élève une torche qui éclaire une partie de la scène et laisse l'autre dans l'obscurité. Les premières colonnes du portique se profilent à peine sur un fond noir. Il y a quelque chose de solennel dans ce spectacle; on se sent remué à cet enthousiasme populaire, qui est pour la foule une autre religion.

Maintenant, si nous abordons le tableau comme œuvre d'art, nous trouverons que le jeune homme qui porte la torche est d'une bonne disposition, et que la pose en est heureuse; les marches de l'escalier sont d'une perspective exacte. On s'est plaint que quelques groupes n'étaient pas assez indiqués; on a donc oublié que la torche ne rayonne qu'à vingt pas, et laisse indécis tout ce qu'elle n'éclaire qu'à moitié.   T.

M. HORACE VERNET.—Raphael au Vatican.
Michel-Ange rencontrant Raphaël au Vatican, lui dit : « Vous marchez entouré d'une suite nombreuse, ainsi qu'un général. Et vous, répondit Michel-Ange au peintre du Jugement dernier, vous allez seul, comme le bourreau. »
Nous n'avons pas l'habitude de critiquer le choix des sujets, mais il nous est impossible de ne pas faire remarquer l'inconvenance de celui-ci. Il nous semble que les arts doivent assez à ces deux grands génies pour taire leurs faiblesses au lieu de les mettre au grand jour; et puis, à quoi bon un pareil sujet? quel intérêt offre-t-il? Il ne fait que causer dans l'ame du spectateur un sentiment pénible. Toutefois, nous ne pouvons penser que M. H. Vernet ait voulu ravaler les deux grands hommes qu'il a peints, en admettant, avec tant de légèreté, un fait, du reste, généralement contesté. Maintenant, si

nous examinons l'œuvre en elle-même, nous y trouvons les défauts de l'auteur et quelques unes de ses qualités. D'abord, le tableau est mal composé; il est impossible d'en deviner le sujet, à tel point que beaucoup de personnes ont pensé que Raphaël dessinait la femme qui pose sur le plan du milieu; et Michel-Ange, le personnage principal, coupé en deux de la manière la plus choquante! pourquoi lui avoir donné l'air si farouche? c'est sans doute pour justifier la réponse brutale de Raphaël. Ce n'est point ainsi qu'un peintre français, et directeur d'une école française à Rome, devait peindre l'auteur du Jugement dernier. Quant au reste, le ton gris, généralement répandu sur le tableau, ne rappelle en rien la couleur que le ciel de Rome imprime aux fabriques, et nous insistons sur ce point, parce que M. H. Vernet semble l'avoir adopté pour tous ses tableaux, sans égard aux climats; malgré ces défauts, on remarque dans cet ouvrage de belles têtes, de beaux ajustemens et la facilité prodigieuse dont l'auteur fait preuve dans tous ses ouvrages.

Il y a, de M. H. Vernet, une scène des barricades: tableau inférieur à celui-là. L'auteur l'a fait à Rome sans avoir vu la scène: on y retrouve de l'habitude comme dans tout ce qu'il fait; mais il est au-dessous de ses autres productions sous le rapport de la couleur, de la composition et des détails. Avant de finir avec M. H. Vernet, nous devons dire qu'il a un très-beau portrait de femme, que nous examinerons à sa place.   A.

M. ROUGET.—278.—Abjuration de Henri IV.

Le sujet est aussi mal choisi que dans le tableau précédent. Quel effet peut produire sur le spectateur l'abjuration de Henri IV, lorsqu'on entend encore, en contre-partie, ce mot si politique du Béarnais : « Paris vaut bien une messe ? »

Après tout, on voit de l'arrangement et du faire dans ce tableau, mais rien de plus. La perspective y est mal observée, l'air ne circule pas assez entre les personnages; les figures sont froides et sans caractère. M. Rouget aurait bien pu, ce nous semble, ne pas transposer sur le plan gauche de son tableau le groupe de ligueurs de M. Gérard, en ôtant toutefois à ce groupe sa couleur et son énergie.   T.

M. ALFRED JOHANNOT. — Annonce de la victoire d'Hastenbeck (1305).

Ce tableau, comme ceux de M. Johannot en général, est d'un effet délicieux. Il est bien composé, tout est en rapport avec le sujet; les étoffes et généralement tous les ajustemens sont faits d'une manière supérieure. On remarque la pose d'un marquis appuyé sur la rampe du balcon et le groupe de deux enfans habillés avec les costumes de l'époque. Quant à la duchesse d'Orléans, sa figure n'est pas animée ; on ne se douterait pas, à la voir, qu'elle vient d'apprendre une si heureuse nouvelle. Les autres têtes paraissent toutes se ressembler et poser dans le tableau plutôt que de concourir à la scène ; la perspective n'est pas exacte, et l'air manque entre les personnages. En somme, ce tableau est une belle page, et bien fait pour ajouter à la réputation, déjà grande, de l'auteur.

L'autre tableau de M. A. Johannot, représentant l'entrée de mademoiselle de Montpensier à Orléans, pendant la Fronde, en 1652, est encore plus séduisant. Il renferme un charme qu'on ne peut pas définir, tout y est fait avec esprit et disposé pour plaire. Mademoiselle de Montpensier est bien telle qu'on se la figure ; Grammont est bien le frondeur vain et élégant, et, comme dans le précédent tableau, tout est bien ajusté et bien placé, mais aussi, et nous le répétons, les figures ont toutes, à peu près, la même expression et le même type ; il y a des parties qui ne sont pas dessinées, notamment dans les groupes qui sont sur le premier plan ; les vêtemens sont joliment faits, mais on dirait qu'il n'y a pas de chairs dessous, et puis l'architecture, qui, dans ce tableau, est assez importante, manque de solidité. Nous insistons sur ces défauts, parce que nous sommes de ceux qui ont épousé, avec le plus d'intérêt, le talent de l'auteur. A.

M. ZIEGLER.—2448. — Le Giotto dans l'atelier du Cimabue.

Il est de ces tableaux qui séduisent au premier aspect, et dont le moindre défaut est de montrer la corde au bout d'un examen sérieux : tel n'est point celui que nous avons sous les yeux. La couleur en est trop sombre, et n'attache pas d'abord ; mais telle est la puissance du peintre, que plus on fouille son œuvre, plus on la trouve profonde et inépuisable ; on arrive à s'isoler entièrement du cadre et de la toile, à entrer de plein-pied dans la pensée de l'artiste : on s'y fait place, on y est à l'aise.

Le Giotto est une des belles œuvres du salon ; le dessin et la composition marchent de pair. Le Giotto tout entier est d'une verve admirable de sentiment et de modelé ; les chairs sont vigoureuses et chaudes, les reins forts et souples. Mais l'exécution n'est rien à côté de l'idée-mère qui domine ce tableau. M. Horace Vernet a pu s'oublier au point de nous représenter Michel-Ange jaloux de Raphaël, et Raphaël traitant Michel-Ange de bourreau ; M. Clément Boulanger a pu, dans la vie entière du Poussin, ne trouver qu'un fait digne d'être formulé sur la toile, la prétendue velléité que ce grand homme aurait eu de s'engager ; M. Rouget a cru, sans doute, honorer la mémoire de Henri IV, en le représentant infidèle à ses premières croyances. M. Ziegler a autrement compris la portée de son art; il ne l'a point prostitué à consacrer des frivolités ou des mensonges; il lui a senti une mission, et il s'est fait apôtre de cette mission. Il a bien agi, nous lui en savons gré.

C'était une entreprise ardue, mais généreuse, d'explorer ces temps rudes encore, mais féconds, où l'art était une croyance, et se faisait, sur la terre, l'interprète de Dieu; c'était une chose sainte que de remonter aux premiers jours de l'art, et, nouveaux mages, d'aller l'adorer au berceau. M. Ziegler nous a servi de guide, suivons-le.

Le Giotto sert de modèle au Cimabüe; ses yeux tombent par hasard sur un missel colorié ouvert devant lui; à la vue des peintures naïves qui le décorent, son ame d'artiste s'est éveillée; il s'appuie contre une table dans l'attitude de la méditation; une de ses mains est élevée à la hauteur de son menton, l'autre est posée sur le missel. Sur le dernier plan, dans l'ombre et à peine éclairée par un faible rayon de lumière, on découvre la pâle figure du Cimabüe, dont les regards sont fixés sur le Giotto.

Le Giotto se sent enfin; la peinture vient de se révéler à lui, soudaine, irrésistible; il n'est pas étonné, car il sait déjà ce qu'il vaut, et il s'est dit, allons! Il ne pose plus, quoiqu'il soit immobile comme une statue. Il a tout oublié, hors cette idée fixe qui flamboie dans son ame, et qu'il regarde intuitivement : tu seras peintre ! Il y a devant lui tout un avenir de gloire et de liberté. Il était gêné, sans doute, depuis quelque temps ; l'art bouillonnait dans ses veines, et, ne trouvant pas d'issue, lui rongeait le corps. L'issue est pratiquée, l'art s'échappe et se dresse étincelant devant le jeune homme ébloui. Le Cimabüe le sait bien ; d'un coup d'œil, il a compris ce qui vient de saisir son jeune modèle, de hausser son front et d'agrandir sa prunelle. L'apparition subite d'un génie encore inconnu a quelque chose d'imposant, qui étonne même les hommes supérieurs. Le Cimabüe est sous l'influence de ce sentiment involontaire.

Le courage nous manque pour essayer de critiquer une seule partie de ce tableau. Cependant, pour consoler l'envie, et lui prouver que M. Ziegler n'est pas encore sans tache, nous lui dirons que la tête du Cimabüe rappelle le Dante de M. Delacroix.

3229. — La mort de Foscari.

La mort de Foscari ne le cède pas au Giotto pour l'exécution. Nous lui reprocherons pourtant la sombre monotonie du coloris et le peu d'air qui s'y trouve répandu. Mais comme le cadavre du doge a de la vérité ! comme tout y est fortement et largement accusé ! Le seigneur qui lui tâte le pouls est bien posé, et l'expression de sa figure bien rendue; le jeune page qui apporte une fiole est plein de vie et de mouvement. Enfin, l'évêque qui tient le saint viatique est empreint, tout entier, de cette résignation triste, mais calme, qui caractérisait l'Eglise alors.

Du reste, cette œuvre est loin d'avoir la même portée que la précédente. Comme scène domestique, elle est énergiquement conçue. Chaque personnage concourt bien au but que l'artiste s'est proposé; tout y est clair et facile à saisir, tout parle; mais, comme scène historique, elle intéresse peu, et l'on est obligé, pour la comprendre, de recourir à l'explication donnée par l'auteur. Or, un tableau réellement bon doit s'expliquer par lui-même. C'est ce que nous ne dirons pas de celui-ci, malgré les qualités que nous nous plaisons à y reconnaître.

M. SAINT-EVRE. — 2120.— Jeanne-d'Arc.

Le défaut capital de ce tableau, c'est que Jeanne-d'Arc n'a été comprise en aucune sorte. Où est la femme forte et enthousiaste dans cette jeune fille frêle, mignonne et naïve, qui raconte à Charles VII comme quoi elle a eu un vilain songe qui lui a fait grand-peur? Mais nous trouvons de quoi compenser cette faute grave. Charles VII est d'un bon caractère; il est assis sur son trône; sa tête est légèrement penchée en avant, et ses yeux, ombragés par sa coiffure, semblent vouloir lire jusque dans l'ame de la jeune fille. Les femmes et les prélats dont il est entouré sont également d'une heureuse composition. Il y a encore, en tête des courtisans rangés devant le trône, un guerrier armé de toutes pièces et appuyé sur sa longue épée : c'est, à notre avis, la meilleure partie du tableau. Ce n'est plus là seulement un homme qui écoute, c'est un homme que la parole divine pénètre, et qui la reçoit avec vénération. Sa pose est d'un guerrier, et sa figure est noble et pensive.

Là se borne le bien que nous avons à dire. L'effet d'intérieur est mal rendu; la lumière est trop également distribuée sur la masse. Et puis tous les courtisans se ressemblent d'une manière si frappante, qu'on dirait que ce sont mille glaces qui réflètent la figure d'un seul homme. Enfin, le beau Froissard, adossé contre une boiserie à gauche du roi, n'est rien moins que beau, rien moins que bien fait : ses jambes sont peut-être trois fois aussi longues que son torse.

M. GIGOUX.— 1059. — Henri IV écrivant des vers sur le missel de Gabrielle d'Estrées.

On remarque dans ce tableau une touche spirituelle et facile, un dessin assez correct et une palette assez riche dans les étoffes et dans les ornemens. Il y a beaucoup de grâce dans la pose d'Henri IV, quoique sa figure ne soit pas très-ressemblante; la main qu'il appuie sur la chaise de Gabrielle est finement modelée. La future duchesse de Beaufort est pleine de charme et de naïveté ; il y a de la pudeur de jeune fille et de la joie d'amante dans l'expression de ses traits ; le mouvement de son corps est souple et bien rendu. La tête du jeune homme debout près d'Henri IV, et vue de profil, rappelle un peu Vandück. Je n'aime pas la femme qui est derrière ; son attitude est raide et guindée. J'aime encore moins celle qui s'avance du fond de l'appartement, elle est d'une lourdeur inconcevable. Mais il y a un charme délicieux dans la pose et le profil d'une jeune femme qui est près de Gabrielle.

Le plus grand défaut de ce tableau est dans le coloris des chairs. Nous ignorons le procédé dont use M. Gigoux pour mêler ses couleurs ; mais, au bout de quelques jours, sa peinture pâlit et se chiffonne pour ainsi dire. Ainsi, son Henri IV plaisait beaucoup plus à l'ouverture du salon que maintenant ; nous l'engageons à y prendre garde, et à changer sa manière, si cela tient à sa manière.

3049. — Madame Dubarry.

Nous serons moins heureux dans l'examen de la Dubarry. D'abord, il y a de l'inconvenance dans le sujet ; nous ne sommes pas plus feuilles de vigne que d'autres, mais nous pensons qu'à des expositions publiques, on ne doit pas faire abus de pareilles scènes. On pourrait tout au plus excuser cette licence, en la considérant comme une leçon flagrante donnée aux peuples et aux rois : aux peuples qui se laissent opprimer par de tels chefs, aux rois qui peuvent tomber dans un tel oubli de toute humaine dignité.

Mais c'est encore là un des moindres défauts de l'œuvre. Le dessin pêche en maint endroit; la Dubarry n'a pas l'air d'être assise sur son lit, le raccourci de sa jambe droite est si faiblement indiqué, qu'on la croirait debout et boiteuse. La perspective aérienne est en outre si mal observée, que l'ambassadeur d'Espagne semble d'abord être sur le même plan que la Dubarry, c'est-à-dire avoir le corps à demi engagé dans la couche royale. Ce qu'il y a de pis, c'est qu'aucun personnage n'est en scène. Louis XV ne ressemble pas aux portraits qui nous restent de lui; il a, de plus, un air de paternité tout-à-fait contraire au sujet. La Dubarry est laide et de mauvaise humeur; le cardinal est d'un extérieur beaucoup trop gothique. Les abbés de ce temps-là, en France, et même ceux de la cour de Rome, ressemblaient plus à Molé qu'à saint François. La jeune dame debout à côté de Louis XV n'a pas le moins du monde le caractère de cette époque; c'est un anachronisme; on se croirait presque à la cour de Marie-Antoinette.

Mais M. Gigoux a pris sa revanche dans l'autre dame d'honneur placée sur le plan droit du tableau. Celle-là est d'une délicieuse vérité; coquette de boudoir, vrai type de l'œil-de-bœuf, rieuse, pimpante, alerte, fardée, mouchetée : la Dubarry devrait mourir de dépit d'avoir, si près d'elle, une pareille rivale.

M. ROGER. — 2049. — Révolution de Rome en 1793.

Il y a de la vie dans ce tableau ; mais une faute palpable que nous devons signaler, c'est qu'il n'y a pas la moindre différence de type et de caractère entre les Transtévérins et les Juifs; et chacun sait qu'il en existe pourtant une bien tranchée, comme chez tous les autres peuples. La Juive, qu'une pierre vient de renverser à côté de son jeune enfant, est un souvenir du massacre des innocens de M. Heim. On retrouve encore cette même tendance à s'inspirer d'autrui dans le Transtévérin qui tient des pierres dans ses mains et qui fait le geste de les lancer sur les Juifs. En général, les Transtévérins ont des poses forcées qui ne sont pas dans la nature. La colère du peuple ne tombe jamais dans le pathos. Le sénateur Rezonico n'a rien qui puisse imposer aux révoltés; il y a même un peu d'afféterie dans son geste et dans l'expression de sa figure. Ceux qui le suivent ont plutôt l'air d'être étonnés qu'effrayés. Les Juifs qui se jettent aux pieds du sénateur, et qui lui demandent grâce, sont rendus avec une énergique vérité; il y a des sanglots convulsifs dans leur poitrine. Quant à la couleur du tableau, elle est faible en général.

M. ROBERT FLEURY. — 930. — Scène de la Saint-Barthélemy.

On ne peut refuser à M. Fleury quelque composition dans ce tableau. Pourquoi faut-il qu'il se soit jeté dans l'extrême, et qu'au lieu de produire une œuvre froide mais raisonnée, il nous ait donné une œuvre grimacière et désordonnée! Le hallebardier vu de dos, et le sicaire qui de la main écarte le jeune enfant pour frapper Brion d'un coup de poignard, sont les seuls qui aient du mouvement et de la vérité. La tête de Brion est d'un beau caractère; mais son élève a plutôt l'air de bâiller violemment que de crier. Les sicaires debout sur le dernier plan font réellement des contorsions par trop ridicules. Un massacre comme celui de la Saint-Barthélemy ne laissait pas de place à la moquerie : on tuait, et l'on ne s'amusait pas à regarder; il y avait trop de besogne.

M. BRUYÈRES. — 928. — Miss Grenwil (*sujet tiré de l'histoire de Cromwel*).

On ne comprend pas assez, peut-être, que miss Grenwil vienne de décharger un pistolet sur Cromwell. Cromwell, du reste, dont la pose et le cheval rappellent Vandük, a l'air trop calme pour l'attentat dont il vient d'être l'objet ; mais enfin il y a du sentiment et de la vérité. Miss Grenwil est bien comprise ; ses traits pâles et légèrement contractés, son attitude fière et encore menaçante, révèlent à demi au spectateur qu'elle vient de commettre quelque chose de hardi. Mais le reste est faible et confus.

M. Cl. BOULANGER.—239.—Nicolas Poussin.
Un dessin faible, des tons crus et heurtés, un recruteur pillé dans Téniers, et monté sur des échasses, quelques intentions de gros burlesque, voilà le résumé du tableau.

Nous le préférons cependant à la procession du *Corpus Domini*, dans lequel, toutefois, il y a de l'air et quelques parties d'une couleur assez brillante.

M. NORBLIN. — 1797. — La mort d'Ugolin.
Encore une mort d'Ugolin ! — On trouve dans ce tableau un dessin correct et ferme ; mais il n'y a pas le moindre caractère dans les figures ; il n'y pas là du désespoir et de la faim. On ne prévoit pas l'horrible dénouement de cette horrible scène. Les enfans d'Ugolin et Ugolin lui-même ont l'air de se très-bien porter ; leurs bras, leurs épaules et leurs poitrines sont en fort bon état ; rien n'est livide, pas un muscle n'est crispé ; c'est une agonie fort douce que celle-là : cependant, ce n'est pas un tableau dont on puisse dire : néant. Mais

rarement critiques furent plus embarrassés que nous ne le sommes. Devant une œuvre de conscience, car nous ne rangeons pas M. Norblin parmi les hommes de métier; devant une œuvre de conscience, répétons-nous, il est impossible de n'être pas plus disposé à l'indulgence qu'au blâme, surtout lorsque cette œuvre renferme des parties d'un mérite réel.

Nous préférons, du même peintre, une bacchante endormie, quoique les membres n'en soient pas assez souples et les contours assez moelleux.

M. SERRUR. — 2183. — Meurtre de Rizzio.

Des figures de mélodrame, un coloris de convention, un dessin pauvre, des poses gymnastiques et forcées, voilà en quelques mots le résumé de ce tableau; le sujet pourtant prêtait plus que tout autre. M. Serrur a sans doute envie d'être peintre, mais où va-t-il chercher les formules de ses idées? Qu'il étudie le Poussin et Le Sueur pour l'expression des figures, ou plutôt qu'il étudie la nature au lieu d'aller chercher ses modèles à l'Ambigu ou à la Gaîté.

M. CIBOT. — 403. — Un trait de la vie de Frédégonde.

Il n'y a que deux têtes remarquables dans ce tableau, celle de l'évêque et celle de Frédégonde, celle de l'évêque surtout. Face à face avec celle qui l'a fait assassiner, et qui vient à son lit de mort lui prodiguer son insultante commisération, il se soulève avec peine et étend vers elle son bras affaibli; sa bouche s'entr'ouvre pour maudire l'infâme, et ses yeux devancent sa parole. Cela est bien, il faut le dire, comme dessin, comme couleur et comme composition. La Frédégonde est assez bien posée, mais le peintre lui a peut-être mis trop d'ironie sur le visage; elle n'était pas assez imprudente pour venir triompher de son crime, sans se farder au moins d'un peu d'hypocrisie. D'ailleurs, Mézeray dit « qu'elle vint témoigner à Prétextat un grand déplaisir de l'accident qui le mettait au tombeau. »

Maintenant, si nous quittons ces deux personnages principaux, nous tombons de mal en pis; à commencer par la femme du premier plan, qui met sa main sur la bouche de son fils pour l'empêcher (pauvre enfant de huit ans!) de maudire Frédégonde, jusqu'au jeune garçon qui, voulant sans doute empêcher également son chien d'aboyer après Frédégonde, lui emprisonne la gueule dans une de ses mains.

M. DE CHATILLON. — 612. — SCÈNE DE LA SAINT-BARTHÉLEMY.

M. de Châtillon n'a pas été aussi heureux dans les sujets historiques que dans les sujets de genre.

La pose du sire de Montbrisson, qui arrive en courant sur le spectateur, était très-difficile à rendre. La manière dont M. de Châtillon s'est tiré de ce pas le prouve encore plus; nous n'en parlerons donc pas. Le sire de Boulainvilliers, qui se retourne vers les sicaires dont il est poursuivi, et qui décharge son pistolet sur eux, est plus heureusement rendu. Le mouvement de son corps est bien saisi et ses jambes vigoureusement modelées. Nous voudrions dans ce tableau un coloris moins égal et plus d'air entre les personnages. T.

— MADAME RUDE-FRÉMIET a exposé un tableau représentant le adieux de Charles Ier à ses enfans. Cet ouvrage est en général d'une bonne composition; la figure de Charles Ier ne manque pas d'expression, le coloris a de l'éclat. Nous ne reprocherons pas à ce tableau de manquer de vigueur et d'énergie, en pensant qu'il est l'œuvre d'une dame.

MADAME DEHÉRAIN. — 626. — Vision de Jeanne d'Arc.

Ce n'est point là la jeune fille enthousiaste à laquelle se révéla tout-à-coup l'irrésistible mission de délivrer son pays, et qui scella du martyre son dévouement; sous ce rapport le tableau manque de caractère. Mais enfin il y a de la couleur et le dessin est assez correct; la position de l'ange est bonne, et puis c'est l'œuvre d'une dame, et il y a plus d'un peintre qui, sans avoir la même excuse, ne mérite pas les mêmes éloges.

Nous préférons de madame Dehérain son tableau de Louis XIV et mademoiselle Mancini (627). Il y a du sentiment et de la couleur dans les figures de femmes, mais trop de fraîcheur et d'afféterie dans les figures d'hommes. Du reste, la composition en est bonne, et prouve que madame Dehérain n'est point arrivée au talent qu'elle doit atteindre.

508.—Henri III et Jacques Clément.

Ce tableau manque complètement de vérité. Nous conseillons à M. Cuny d'étudier l'histoire. Il y verra que si Jacques Clément s'était placé à huit pas d'Henri III pendant qu'il lisait la lettre, il lui eût été impossible de le frapper de si loin avec un couteau. Du reste, la figure d'Henri III est assez bien celle de l'histoire.

M. LATIL.—1455.—Eliézer et Rebecca.

Cette composition est assez dans le style biblique; elle ne manque pas de noblesse et de simplicité, mais du reste pas de vigueur, une monotonie générale dans la composition, et puis, que M. Latil y fasse attention, la couleur rosée de ses chairs n'est pas celle qui convient au pays.

—A quoi sert à M. Durupt d'exposer des productions telles que la mort du duc de Guise (803); la marquise de Noirmoutiers (802) et autres? S'il avait de la réputation, rien ne serait plus capable de la lui faire perdre.

M. DE TRIQUETI. — 2285. — Valentine de Milan et Charles VII.

L'auteur, qui a fait de belles sculptures dans le genre moyen-âge, n'a pas toujours été aussi heureux dans ses tableaux. Il y a toutefois dans celui-ci de jolies choses ; la couleur en est remarquable, quelques petits détails sont d'une exécution supérieure, tout ce qui tient aux ajustemens y est généralement fait de main de maître; mais le dessin y est presque nul, la perspective de la chambre est fausse, la fuite des dalles mal conçue, le lit du roi n'y pourrait pas tenir, et il y a sur la gauche du tableau un vide d'un effet désagréable.

Nous parlerons à peine des énervés de Jumiéges de M. Triqueti. Comme le tableau représente un effet de plein-jour, les fautes de dessin ressortent davantage; il y a cependant quelques jolis tons dans les ajustemens et un sentiment assez vrai de l'époque.

241.—Assassinat de Louis d'Orléans par le duc de Bourgogne, rue Barbette.

M. Louis Boulanger a bien compris la couleur sombre et funèbre qui appartient au sujet ; mais il n'a pas également réussi dans les autres parties de son tableau. Le duc d'Orléans assassiné paraît regarder ses bourreaux avec indifférence ; ses traits ne portent pas assez l'empreinte de la souffrance; les hommes qui tiennent des torches sont d'un effet désagréable et la figure des assassins manque de vigueur. Quant au duc de Bourgogne qui commande l'assassinat, sa tête est bien comprise; il regarde sa victime avec un calme féroce, qui est dans son caractère. En général, cette scène est bien entendue sous le rapport de la connaissance de l'époque, mais le dessin y est nul dans quelques parties. Nous préférons à ce tableau celui que M. Triqueti avait exposé sur le même sujet au dernier salon.

M. DECAISNE.—Les adieux d'Anne de Boleyn a sa fille Élisabeth.

La scène choisie par l'auteur est dramatique, et prêtait à de beaux contrastes, mais peut-être avait-elle besoin d'être traitée plus en grand. Tel qu'il est cependant, ce tableau offre des parties remarquables. La tête d'Anne de Boleyn est belle, et respire la résignation en même temps que le regret de quitter sa fille; sa pose a de la noblesse; mais le groupe des seigneurs qui viennent lui apprendre sa mort, et qui doivent assister à son supplice, n'est pas aussi bien compris: un seul paraît pénétré, les autres sont indifférens. Quant aux personnages qui entourent Anne de Boleyn, ils ne sont pas heureusement groupés; nous voudrions plus d'énergie dans l'ensemble de cette œuvre; la couleur, quoique bonne, n'est point assez relevée pour le sujet : nous aurions voulu quelques tons plus vigoureux qui fissent ressortir l'imposant et le terrible de cette scène.

M. L. GOYET.—1114.—Le chancelier Voysin et Louis XIV.

C'est une prétention qui nous a toujours paru étrange, que celle de vouloir représenter un dialogue sur la toile ; nous concevons encore qu'on peigne un homme dont le langage est passionné, parce qu'alors l'expression de sa figure est en rapport avec ses paroles ; mais le chancelier Voysin disant froidement à Louis XIV qu'il ne reprendra plus les sceaux de l'état, parce qu'ils sont pollués, devait nécessairement donner lieu à un tableau froid et monotone ; c'est ce qui est arrivé à M. Goyet, quoiqu'en résumé son œuvre ait le mérite qu'elle pouvait avoir. La pose du chancelier a de la dignité, mais la tête de Louis XIV est insignifiante ; les costumes et les accessoires sont faits avec exactitude, la couleur en est bonne quoique sans finesse.

M. MONVOISIN.—1753.—Ali-Pacha et Vasiliki.

Nous reprocherons généralement aux ouvrages de M. Mouvoisin de manquer de caractère. Ali-Pacha ne nous rappelle pas cet homme fier et cruel qui a résisté à l'Empire ottoman ; Vasiliki a de la la grâce, mais sa pose est dénuée de naturel et de simplicité. La couleur de ce tableau manque de vigueur et de solidité.

L'auteur ne nous a pas paru beaucoup plus heureux dans son tableau de Blanche de Beaulieu (1754); il a fait de grands efforts pour donner à Blanche une expression de désespoir et de résignation; mais nous ne retrouvons pas dans cette tête la noblesse du caractère de cette femme courageuse : les chairs manquent de fermeté, les accessoires de cette scène ne sont pas à la hauteur de la peinture historique, qui demande une étude approfondie jusque dans les moindres détails.

1752. — LOUIS XIV ET MADEMOISELLE DE LA VALLIÈRE.

La composition de ce tableau nous paraît entièrement fausse. Louis XIV est dépourvu de noblesse; mademoiselle de La Vallière est d'une raideur insupportable. Il y a cependant dans les détails de ce tableau du brillant et de la fraîcheur.

M. PAULIN GUÉRIN. — 1178 — TRAIT DE DÉVOUEMENT DU CHEVALIER ROZE, LORS DE LA PESTE DE MARSEILLE

Ce tableau est assez bien entendu sous le rapport de la composition. Nous y admirons de belles parties dans les cadavres jetés sur le premier plan; la couleur en est harmonieuse, quoique faible; la lumière est heureusement répandue sur cette scène, au milieu de laquelle ne ressort pas assez la principale figure; le chevalier Roze manque de caractère et d'élévation : ce défaut capital rend froide une action qui demandait à être traitée sur un cadre plus large. Nous ne reconnaissons pas, dans cette œuvre, la verve de pinceau de l'auteur de la Fuite de Caïn.

—Le tableau de la Visitation, par M. Caminade (330) est assez bien d'ensemble; les têtes, quoque froides, sont dans le sujet; celle de Marie a de la grâce et de la simplicité; mais il y a, en général, trop de mollesse dans la couleur, et pas assez de fermeté dans les chairs.

M. GOSSE.—1098.— S. M. LA REINE DES FRANÇAIS VISITANT LES BLESSÉS DE JUILLET A L'AMBULANCE DE LA BOURSE, LE 25 AOUT 1830.

Le tableau de M. Gosse est ce que sont habituellement tous les tableaux de ce genre. Toutefois, nous pensons qu'il aurait pu trouver de jolies têtes dans le groupe des princesses, puisqu'il prétend que tous les personnages sont portraits. Quant aux têtes des blessés, elles ne sont pas comprises le moins du monde.

MŒURS.

(Nous avons rangé dans cette classe tous les tableaux dont les sujets ne sont tirés ni de la poésie, ni de l'histoire, et qui se rapportent à des scènes d'intérieur prises dans les mœurs soit actuelles, soit d'une autre époque. Ainsi que dans les autres parties, nous avons fait abstraction de la grandeur des toiles, pour ne considérer que les sujets en eux-mêmes.)

— Les tableaux de M. Decamps dénotent une organisation d'artiste tout-à-fait à part. Original, caustique, vrai, il met de l'art jusque dans les moindres détails; il sait donner à la pose de ses personnages un cachet de vérité tout particulier; son coloris est brillant et enchanteur, mais parfois aussi lourd et pâteux. Voyez son sujet turc (n° 608), comme ce mur est admirablement fait! comme ces cavaliers se détachent bien! comme leur pose est simple! Ces têtes turques, ces chevaux qui boivent sont d'une vérité entièrement nouvelle; quelques uns même, sous le rapport du dessin et de la couleur, sont hors de ligne; le ciel, quoique d'une bonne couleur, est trop lourd; les nuages ont trop de solidité, mais les terrains du premier plan, à droite, sont dignes du reste du tableau.

Si de ce sujet nous passons à l'intérieur d'atelier, nous y trouvons une verve toujours inépuisable. Quoi de plus grotesquement vrai que ce singe en blouse peignant, dans son atelier, un paysage d'après nature, pendant qu'un autre singe broie les couleurs ? Quel coup de patte spirituellement donné aux paysagistes de convention, qui n'ont jamais peint la nature que dans leur atelier ! Là-dedans il n'y a rien à reprendre ; la palette, les pinceaux, et jusqu'à des pipes accrochées au mur, tout est d'une vérité inouïe, tout est de verve.

Dans sa Chasse au Héron (609), M. Decamps est toujours lui-même. On remarque, dans le fond, des petits groupes de cavaliers d'un fini et d'une exécution admirables ; le paysage y est pittoresque, riche de tons, mais faux de composition ; toutefois, le fond est d'un bel effet, surtout quand on songe au peu de grandeur du tableau.

— M. Grenier a exposé cette année des ouvrages pleins de vérité. Ses petits paysans surpris par un loup (1137), forment une petite scène bien comprise et finement rendue ; la pose de l'enfant qui tient une serpe tout prêt à en frapper le loup, est simple et naturelle. On voit qu'il est remué, mais qu'en même temps il ne perd pas courage ; son jeune frère et sa sœur, qui se réfugient derrière lui, donnent à cet enfant la force et le courage d'un âge plus avancé ; toute la scène est bien nature, le paysage exact, et la pose du loup bonne, quoiqu'elle manque un peu d'énergie. Généralement, nous voudrions plus de vigueur dans l'ensemble de ce tableau. La scène du garde champêtre (1138) renferme également des parties pleines de vérité. Il y a de la malice et du contentement dans la tête du garde champêtre; le chasseur qui charge son fusil est fait avec esprit, et il y a de la vérité de détail dans le chien du garde champêtre qui flaire le gibier des chasseurs. Quant au paysage, il est presque complètement négligé. Les tableaux de M. Grenier sont, en général, d'une bonne couleur; mais, nous l'avons dit, nous y voudrions plus de relief et de vigueur.

M. DUVAL-LECAMUS.—821—La Cinquantaine. Ce tableau est une petite scène de village prise sur nature, les figures sont bonnes, les personnages bien groupés, et l'interêt de la scène bien ramené sur les vieux époux dont on semble voir la marche chancelante. Nous reprocherons à l'auteur d'avoir aussi trop négligé le paysage. Nous regrettons que M. Duval-Lecamus ne nous ait pas donné l'occasion de rendre compte d'une autre production de ce genre.

M. BEAUME.—123—Scène d'orage. Au moment de recueillir le fruit de leurs peines, le fermier et sa famille affligée déplorent la perte de la moisson.

L'idée de l'auteur a été de donner à tous ses

personnages, plus ou moins, l'aspect du désespoir, et, en cela, il nous semble avoir atteint son but ; mais jusqu'à quel point peut-on admettre cette idée ? Certes, la perte de la moisson est grande pour le fermier, mais il ne serait pas plus consterné s'il craignait pour ses jours. M. Scheffer, dans son tableau de l'inondation, avec lequel celui de M. Beaume a une analogie si frappante, a donné aussi à ses personnages un accent profond de désespoir, mais là, il y était autorisé ; il a peint une famille sur le point d'être engloutie par la mer. M. Beaume a donné à ses personnages la même expression, et en cela il n'a pas senti la différence des deux scènes ; dans l'une c'est un danger imminent et terrible qui menace de détruire toute une famille, dans l'autre ce n'est qu'une perte déplorable pour le fermier, toute la différence est là. Malgré ce défaut, nous remarquons de belles choses dans cet ouvrage ; tous les personnages sont bien étudiés et bien rendus, quoique cependant on ne s'aperçoive pas sur eux des traces de l'orage, et que leurs vêtemens ne soient pas mouillés ; mais, dans le fond à droite, un groupe de chevaux attelés à une charrette de foin, et que leur conducteur a peine à retenir, se fait remarquer par la vie et le mouvement, la couleur en est bonne et l'idée entièrement à M. Beaume. Nous voudrions pouvoir faire le même éloge du reste de l'ouvrage.

Son tableau de la main-chaude a de la vérité et de la simplicité, ses paysans sont peints avec bonhomie, et il y a une grande franchise dans l'ensemble de cette petite scène, à laquelle on peut reprocher toutefois de ne pas occuper assez de place sur la toile. Mais ici M. Beaume est tout-à-fait lui.

M. TONY JOHANNOT.—1307.—Scène domestique. Un cultivateur en rentrant chez lui y trouve le séducteur de sa fille. Nous voyons en général dans M. T. Johannot les mêmes qualités et les mêmes défauts que dans son frère. Toutefois, dans la composition de cet ouvrage, il nous semble lui avoir été inférieur. Le sujet, tel qu'il l'a indiqué, n'est pas admissible. Un cultivateur, en rentrant chez lui, trouve un jeune homme qui faisait la cour à sa fille, et cela devant sa vieille mère et ses deux autres enfans : ne pouvant douter de son déshonneur, il saisit un couteau et se précipite sur le séducteur pour l'en frapper. Un homme se hasarderait-il jamais à séduire une jeune fille devant de pareils témoins? L'auteur avait d'abord appelé son tableau, « Scène de Vendée, » ce qui le rendait plus compréhensible. Nous ne savons pourquoi il a changé cette explication. Mais à part ce manque de composition, l'ouvrage offre de belles parties. La tête du père est terrible ; son autre fille qui se jette à ses pieds est d'une pose énergique et d'un dessin solide : elle a quelque chose de suppliant qui émeut. La vieille mère et le jeune enfant paraissent bien effrayés. Nous n'aimons pas autant la figure du séducteur; il est vrai qu'étant le personnage le plus faux, il était le plus difficile à rendre; quant à la couleur, elle manque souvent de vérité dans les détails; les murs de la chambre et la cheminée ne ressemblent à rien.

Mais M. T. Johannot a repris sa revanche dans le tableau de Mina et Brenda sur le bord de la mer (1308), petite composition pleine de charme et de sentiment. Il était impossible d'entrer davantage dans l'esprit de Walter-Scott; comme chez lui, la différence des deux caractères est bien marquée! L'un est d'une femme bonne et simple, mais légère; l'autre d'une femme aimante, sérieuse et passionnée. L'expression des figures se rapporte bien aux caractères. Quelques parties, et surtout les pieds, manquent de dessin, les accessoires, et surtout le rocher, ne paraissent pas terminés.

M. EUGÈNE LAMI.—3097.—Armement des batteries de brèche au siége de la citadelle d'Anvers.

L'auteur nous semble avoir bien rendu la couleur de cette scène; quant à sa disposition, elle est telle que nous nous la figurons d'après les récits du Moniteur, il y a de l'activité à la batterie, chacun est à son poste.

Nous avons encore de M. E. Lami, un tableau qui ne le cède en rien à celui-là : une voiture de chasse attelée dans une ferme, (1415.) Cette petite scène a du mouvement, on voit que l'heure de la chasse approche ; les chevaux et tous les petits détails sont supérieurement faits.   A.

M. FOUQUET.—Pourquoi M. Fouquet, qui a du talent, sans contredit, et un talent original, lorsqu'il le veut, s'attache-t-il si souvent à reproduire le pinceau de M. Decamps ? Ne vaut-il pas mieux être soi, fût-on même médiocre, que d'être le pastiche d'un autre, fût-on adroit et facile ? — Rien de plus spirituel et d'une couleur plus vive que l'enfant aux marionnettes, 956 ; et les singes savans, 958 ? mais l'imitation est si frappante que beaucoup de personnes s'y sont trompée. Et, je vous le demande, qu'est-ce qu'un imitateur ? La pâle contre-épreuve du modèle. Nous dirons donc franchement, et peut-être durement, à M. Fouquet : sortez de cette route et ne soyez le Sosie de personne. Et nous le dirons avec d'autant moins de ménagement, que ce jeune artiste nous a prouvé, d'une manière irrécusable, qu'il pouvait marcher sans aide et quitter la livrée pour endosser l'habit de maître : nous voulons parler de la scène du Choléra, exposée sous le n° 960.

C'est en vérité, un des bons morceaux du salon, en ce genre. M. Decamps n'y entre plus pour rien. Comme exécution il est au-dessus; comme composition, tous deux ont leur mérite distinct, dans les divers genres qu'ils ont embrassés.

La scène se passe dans un grenier, à peine éclairé par une étroite lucarne. C'est un pauvre ouvrier dont la femme vient de mourir; le cadavre est encore sur son grabat; un long drap le couvre et dessine dans l'ombre une silhouette blanche et lugubre. L'ouvrier est assis près de la muraille, entre la fenêtre et le corps; trois enfans, déguenillés et pleurans, sont couchés les uns à ses pieds, l'autre sur ses genoux. La tête du père est d'un caractère bien senti; un pâle rayon de lumière l'effleure à peine, et en accuse seulement les parties saillantes. Or, tout ce qu'on en voit porte l'empreinte d'un désespoir qui, déjà, touche à l'abrutissement : une femme morte, là, et trois enfans qui demandent leur mère et parfois du pain !

La couleur de ce tableau est rougeâtre sans doute mais non monotone. Le dessin n'est pas assez correct : si l'on descendait une ligne perpendiculaire, de l'épaule gauche du père jusqu'à ses pieds, elle aboutirait à l'orteil du pied droit; son corps manque d'équilibre.

Mais, autant que l'ombre qui voile une partie

du tableau, peut le permettre, il est facile de voir que les enfans sont plus heureusement rendus. Quant à l'effet d'intérieur, il est parfaitement en harmonie avec la scène, et l'auteur a eu raison de s'inspirer de Rembraud : là, ce n'est plus une imitation.

Nous citerons également de M. Fouquet, l'intérieur d'une clouterie (959) non, pour les qualités réelles de l'œuvre, mais pour la tendance marquée que l'on y trouve, de s'éloigner entièrement de M. Decamps.

M. E. WATTIER. — Nous dirons de M. Wattier, ce que nous avons dit de M. Fouquet : il a tort d'imiter, il a tort de vouloir ressusciter le genre Watteau. Il le fait avec esprit, sans doute, mais on ne peut s'empêcher, en regardant ses œuvres, de penser au leste et pimpant Watteau. La route est large, tâchons de n'être à la remorque de personne.

Parmi les trois tableaux, en ce genre, que M. Wattier a exposés cette année, nous signalerons la Romance (2439) comme le plus en dehors de l'imitation que nous lui reprochons. Le mouvement de la jeune femme est plein de grâce et de sentiment, et l'ensemble de ce tableau bien compris, quoique pas assez terminé.

Il y a de jolis détails dans les deux autres tableaux et généralement une grande connaissance, de l'époque; mais, nous le répétons encore une fois : Watteau, toujours Watteau.

M. LESSORE. — M. Lessore ne manque ni de poésie ni de sentiment; que ne joint-il à ces deux qualités la couleur et le dessin!

1596. — La mort du jeune Pêcheur.

C'est, à notre avis, l'œuvre la plus faible, mais aussi la plus difficile de M. Lessore. Les figures dorment un peu, et les types en sont uniformes et trop laids : la tête du vieux pêcheur est la seule qui fasse exception. Hors la couleur et le dessin qui y sont toujours aussi faibles que de coutume, cette figure est d'une naïveté d'expression bien sentie.

1597. — Le Dimanche des Rameaux.

Ce tableau révèle dans M. Lessore une organisation de coloriste que, franchement, nous n'y avions pas encore rencontrée. Nous l'en félicitons du reste. Il ne suffit pas de charmer l'esprit et la pensée, il faut encore charmer les yeux.

Le jeune paysan, appuyé sur la croupe de l'âne, et l'enfant, que porte cet animal, prouvent dans l'auteur un grand talent d'observation et surtout une étude consciencieuse de cette partie de l'humanité, où l'on trouve plus de rudesse, mais aussi plus de saillie et d'individualisme dans les caractères et dans les sensations. L'âne lui-même est rendu avec bonhommie et simplicité. Nous voudrions seulement qu'il ne fût pas coupé en deux par le cadre d'une manière si désagréable.

Disons, en outre, que si le coloris est ici plus vrai que dans les autres productions de M. Lessore, le dessin y est également plus ferme et plus arrêté.

1598—Le Bénédicité.

Le Bénédicité est l'œuvre capitale de M. Lessore. A l'exception du coloris qui est trop égal, c'est un tableau complet. La vieille femme tout entière est d'une exécution vigoureuse, et le modelé de sa tête est plein de force et de précision. Et puis, regardez comme M. Lessore a bien exploré la route qu'il veut parcourir : à lui de prendre le peuple tel qu'il est, et de s'en faire l'interprète auprès de la société ; à lui, de ne pas le faire plus sale, ni plus propre qu'il ne l'est ; la vérité est son point de départ, mais il s'arrête là où finit le pittoresque, et le pittoresque pour lui, c'est une pensée sainte et généreuse dont il anime l'enveloppe rude et grossière de ses personnages. Il les relève à leurs propres yeux, mais sans sortir d'un fait réel.

Ainsi dans le bénédicité, c'est une vieille femme du peuple qui prie avec ferveur ; son visage est couvert d'une extase douce et recueillie. Chose étrange ! on oublie ses contours anguleux et les rides qui le sillonnent, pour s'élever avec son regard vers ce Dieu qu'elle implore avec tant d'onction et de pureté. Impossible de sourire ou de railler devant une scène semblable ; il faut la regarder en silence, ou plutôt s'y associer malgré soi.

Ce qui plaît surtout dans ce tableau, c'est que l'artiste n'a rien négligé pour arriver au but qu'il voulait atteindre. Chacun ressort bien à son plan. Les deux jeunes enfans sont aussi remarquables que leur mère ; les moindres nuances ont été saisies et fidèlement reproduites. Ainsi, la petite fille est plus pénétrée que son frère ; sa jeune ame, toute pétrie d'amour et de tendresse, se joint avec plus d'effusion que lui à l'acte pieux de sa mère. Le jeune garçon écoute bien aussi, mais cela ne l'empêche pas de jeter un regard timide sur la soupe qui fume à côté de lui.

M. Lessore a encore exposé plusieurs autres tableaux dans lesquels on retrouve plus ou moins de son talent. Nous en citerons un, entre autres, exposé sous le numéro 1599. Il représente une mère et son fils. Le profil de la mère est d'une angélique douceur. Son ame est dans ses yeux ; elle regarde son fils. Il y a dans toute sa personne quelque chose de grave et de pensif qui impose. Et pourtant elle n'est rien moins que belle, puisqu'elle est vieille; tant il est vrai, que la vertu, physiquement et moralement parlant, est la seule beauté durable.

M. Lessore est en progrès. S'il parvient à donner plus de relief et plus de couleur à son pinceau, plus de correction aux lignes de son dessin, plus de vigueur à son modelé, nous ne désespérons pas de le voir un jour parmi nos premiers peintres de mœurs.

M. SCHEFFER a voulu, en quelque sorte, mettre en regard son passé et son présent, son ancienne et sa nouvelle manière. A-t-il eu tort, a-t-il eu raison d'adopter celle-ci? C'est ce que chacun s'est demandé. Cette question a soulevé mille solutions différentes. Les uns ont dit que le premier coloris de M. Scheffer était sale, sans doute, mais vigoureux; tandis que le nouveau venu était pâle et sans force. D'autres, que M. Scheffer était rentré dans la bonne voie et qu'il allait être enfin apprécié dignement. Notre avis est que M. Scheffer a bien fait de prendre ce dernier parti, d'abord, parce qu'il est plus près de la vérité, ensuite, parce qu'il met à nu et en lumière son dessin et son modelé et qu'on ne pourra plus l'accuser de ne point connaître ces deux parties essentielles de la peinture, et de déguiser son ignorance, à cet égard, sous un coloris sale et négligé.

N° 3196. — Marguerite a l'église.

Malgré toute la poésie dont M. Scheffer est doué, on ne trouve pas dans ce tableau d'arrangement et de combinaison. Voulant, avant tout, produire de l'effet, il ne s'occupe pas de la manière de grouper ses divers personnages : c'est le défaut principal de la Marguerite.

Le premier plan est d'une bonne composition, à l'exception de la femme, dont la tête repose sur son missel, et qui a plutôt l'air de dormir que de prier. Le second plan n'est pas si heureux; on ne sait où peut être placé le Romain qui a la tête penchée sur ses deux mains jointes. Enfin, les lignes du troisième plan sont d'une disposition tout-à-fait antipathique à celles des deux autres. On ne comprend pas le rapport qui peut exister entre elles; toutes les lois de la perspective sont ouvertement violées; mais il faut dire que M. Scheffer rachette ces défauts par des beautés de premier ordre.

La pose de la Marguerite a plus de grâce que de vérité; sa tête entre dans le pupitre qui la soutient. La partie inférieure de son visage est pleine de remords et de désespoir; mais le front et les yeux sont vides. Quant au coloris, il est trop égal, surtout dans les parties en lumière; il est, en outre, d'une fraîcheur et d'une transparence intempestives, et nullement en harmonie avec le reste du tableau. Et ceci est tellement vrai, qu'il semble, au premier coup-d'œil, que le tableau soit une ancienne peinture restaurée partiellement. Les deux jeunes filles, agenouillées près de Marguerite, et vues de profil, sont d'une délicieuse composition, et forment un admirable contraste avec la victime de Faust; toutes deux si suaves, si pures, si diverses cependant d'extérieur et de maintien, que l'on ne pourrait choisir entre elles. Quel velouté dans le pinceau! Comme le peintre a carressé avec complaisance cette fantaisie de son imagination! Comme il y a répandu avec plaisir tout ce que la poésie allemande a d'immatériel et de sacré! La critique est impuissante contre de telles œuvres : là, seulement, le coloris et le dessin de M. Scheffer sont inattaquables. Et puis, ce ne sont point là de ces types de tête empruntés à une école ou à un système, de ces types tout faits, que l'on conserve, étiquetés et classés, comme les mille fractions d'une mosaïque, pour s'en servir au besoin. Le caractère en est neuf sans être bizarre, simple sans être trivial. Je n'aime pas le Romain debout sur le second plan; il a l'air de se retourner à demi pour que le public l'admire, et le mouvement de sa tête annonce plus d'afféterie que de recueillement. Ce défaut est d'autant plus choquant, que, non loin de ce Romain, s'en trouve un autre dont les deux mains soutiennent la tête pieusement inclinée. Ce dernier, pour la verve d'exécution, de couleur et de sentiment, peut être placé à côté des deux jeunes filles dont nous avons parlé plus haut. Le fond du tableau est tellement grisâtre et vaporeux qu'il ne peut être jugé.

3197. Le Giaour.

Si M. Scheffer n'avait eu que cette page pour justifier son ancienne manière, la chose n'eût donné lieu à aucune discussion. C'est une froide contrecalque du Faust. Cependant la figure du Giaour porte une empreinte hideuse de rage et de désespoir; mais la pose est fausse et maniérée. Que signifie ce poing appuyé si tranquillement sur l'extrémité de la tête, et cette main sur la hanche? Est-ce ainsi que le Giaour apparaissait aux moines épouvantés? Non : M. Scheffer n'a pas compris Byron.

Nous ne parlerons ni du dessin ni du coloris : du coloris, véritable dégénérance de celui du Faust; du dessin, que nous cache entièrement le coloris.

M. JEANRON. — Peu d'artistes ont aussi bien compris le peuple que M. Jeanron. C'est une sphère à lui, qu'il a parcourue tout entière, qu'il explore en maître. Nous verrons bien.

Son groupe de mendians (n° 1300) prouve, mieux que toutes les paroles, ce que nous avançons. Le contraste était poignant à établir entre le prolétaire courageux, jeté dans la misère avec quatre enfans en bas âge, et le riche insouciant, frivole, faisant piaffer son cheval, et couvrant de poussière cette scène vivante de justice sociale. Le contraste a été habilement saisi; a-t-il été aussi habilement rendu?

Le groupe des mendians est d'une vérité palpitante; chaque tête a son caractère distinct et séparé; le père, surtout, est là, brisé en deux, sous cette misère de plomb qui l'accable, et que ni ses enfans ni lui n'ont méritée. Mais, sain et fort, comme il semble l'être, ne pourrait-on pas lui dire : levez-vous, et allez travailler; la mendicité avilit l'homme?

Puisque M. Jeanron en faisait un combattant de juillet, n'eût-il pas pu lui casser un bras ou une jambe, et justifier la triste nécessité à laquelle il est réduit? On aurait supposé que, par oubli, ou faute de preuves, il n'avait pu avoir la pension ni la croix. L'allure du jeune élégant, qui donne le bras à une dame et qui rase le parapet, est trop commune pour appartenir à un homme de sa classe, il a plutôt l'air d'un ouvrier endimanché. Et puis ce second plan, tout entier, n'est réellement qu'une ébauche; la brosse du peintre s'y voit trop; on a beau se mettre à distance, il n'y a pas d'illusion. En général, M. Jeanron fait abus du bitume; c'est ce qui répand sur ses œuvres cette monotonie d'aspect qu'on préférerait ne pas y rencontrer.

Ce défaut choque surtout dans sa scène de halle (n° 1298.), qui, du reste, a du sentiment et de l'originalité. On y voudrait seulement plus de correction dans le dessin, et d'animation dans les figures.

N° 1299. — UNE HALTE DE CONTREBANDIERS.

Ici, M. Jeanron n'est plus reconnaissable. De monotone, son coloris est devenu varié, de lâche, son dessin est devenu ferme. Chaque figure pose à son plan, il est vrai, mais la chose ne pouvait être autrement. Bien plus, elle prouve, dans M. Jeanron, une grande connaissance du pays et des hommes qu'il a représentés. Hommes d'action avant tout, froids, peu expansifs, avares de leur temps comme de leurs paroles, les contrebandiers bretons, même lorsqu'ils sont réunis, gardent un silence habituel, qu'ils ne rompent que par des monosyllabes, et dans les occasions difficiles. Il ne faut pas oublier, en outre, que les contrebandiers de M. Jeanron sont là placés en sentinelle, et que le moindre bruit pourrait les empêcher d'entendre l'arrivée des gardes-côtes.

Le contrebandier qui se détache sur le premier plan est d'une exécution qui rappelle les bons tableaux flamands. Son costume n'est pas un travestissement qui laisse apercevoir le bout de l'oreille, comme la chose se pratique chez plusieurs peintres, qui veulent, mais ne peuvent sortir de leur époque ou de leur pays, et dont chaque figure, chaque vêtement est un anachronisme ou un mensonge. M. Jeanron s'est, pour ainsi dire, identifié à ses personnages. En esprit, il a revêtu leurs guêtres de cuir, leurs culottes flottantes, et leurs larges sombreiros; en esprit, il a vécu avec eux, il a parlé leur langue; il les a vus, vous dis-je. Les voici.

Le deuxième contrebandier, assis sur un quartier de roche, et qui dort, sa carabine passée en travers de ses cuisses, est d'une aussi vigoureuse exécution que le premier. Quant au chien, il n'a pas assez de saillie, son corps entre le sol. Le ciel et les terrains rappellent le moulin de Dampierre de M. Cabat; c'est dire que ce n'est pas la partie la moins remarquable du tableau.

M. Jeanron a aussi exposé une piémontaise qui ne nous semble pas valoir ses autres œuvres. Il y a cependant, un fond de paysage assez finement indiqué.

M. HENRY SCHEFFER. — 2160. — Lecture de la Bible.

Le sentiment est toujours la partie dominante dans les productions de M. Henry Scheffer. Sous ce rapport, cette composition ne le cède en rien à toutes les autres du même peintre. La tête du vieillard, qui lit la Bible, est empreinte de cette pieuse sérénité que Moïse répand sur le front des patriarches. La vieille femme, placée sur le second plan, n'écoute, pour ainsi dire pas; elle semble lire, dans les yeux de son mari, les paroles du saint livre avant qu'elles ne soient prononcées; rien ne peut la distraire, elle est si loin de la vie et si près de son Dieu! Les nuances diverses de chaque caractère sont rendues avec une exquise vérité; ainsi, les autres auditeurs, jeunes encore, prêtent l'oreille, mais non plus avec la même intuitition que les deux vieillards. Trop de liens les attachent encore ici bas pour que leur seul refuge soit dans la tombe. Le groupe du plan gauche, composé d'une jeune mère allaitant son enfant, est d'une délicieuse poésie. C'est une autre preuve du talent d'observation que possède M. Scheffer. Dieu, pour la jeune mère, se résume, pour ainsi dire, dans son fils; cette idée prise dans la nature, est trop immédiate pour laisser place à toute autre. Cependant elle n'est pas sourde aux préceptes de Moïse et des prophètes; mais la voix de leur interprète lui arrive comme le son d'une musique douce et lointaine, qui, malgré vous, et sans vous déranger de vos occupations journalières, vous pénètre d'une ineffable volupté.

Au milieu de ces beautés incontestables, nous signalerons quelques défauts; ainsi, toutes les figures se ressemblent, et le coloris n'a pas assez de vigueur; il rappelle celui de Greuze, peintre que M. Scheffer nous paraît avoir pris, sinon pour modèle, du moins pour juge et pour conseil.

M. BIARD. — 164. — Comédiens ambulans.

La composition de ce tableau renferme des détails burlesques qui ne sont pas indignes du pinceau de Stein; tout y est de verve, chaque groupe se coordonne bien à l'ensemble et lui donne une vie nouvelle. On ne pourra pas reprocher, ici, à M. Biard, d'oublier trop le coloris pour la pensée, il n'est pas attaquable de ce côté; essayez donc de critiquer lorsque vous riez. Voyons, cependant : sera-ce ce violon goguenard, à la face rougie et ridée, au rire franc et jovial? ou ce brave aubergiste, en veste, en tablier retroussé d'un côté, et en bonnet de coton, qui fait abnégation de sa dignité culinaire jusqu'à servir de page à mademoiselle Zaïre et à lui tenir son miroir? Sera-ce cet Orosmane féroce, en turban et en lunettes, qui, le pied en avant, dans l'attitude de la menace, d'une main, tenant un miroir de poche dans lequel il se regarde avec complaisance, de l'autre, complétant sa ressemblance avec un télégraphe en action, se laisse patiemment friser la barbe et la moustache par son futur confident, sans doute autrefois perruquier? Sera-ce ce généreux Nérestan, en casque à haut cimier, en cuirasse et en cravatte blanche, qui est en train de se rompre aux poses théâtrales (académiques ou gymnastiques, comme vous voudrez)? Ou bien encore, cette honorable jeune première, qui, depuis quinze ans, a touché sa vingtième année et qui, sans pudeur pour elle-même, sans respect pour le schako économique et le pantalon garance, a l'impertinence de saisir au collet un jeune et innocent conscrit et de mettre du rouge à des joues qui n'en ont pas besoin.

Ce qui plaît surtout dans ce tableau, c'est la variété des figures, des caractères et des poses; rien n'est confus, vous avez de tous les comiques, depuis le gros rire jusqu'au rire fade et musqué. Enfin, comme composition, c'est une œuvre complète, mais, comme exécution, elle laisse encore à désirer.

165. — L'HOPITAL DES FOUS.

Le sujet de ce tableau n'est pas de ceux qu'il faille peindre, mais en admettant sa donnée, nous trouvons que le groupe principal est d'un intérêt palpitant : d'un côté, la pauvre fille dont l'œil égaré ne reconnaît plus sa mère qui l'appelle à genoux; de l'autre, sa jeune sœur qui pleure à la vue d'un pareil spectacle; sur le second plan, le père dont les traits altérés sont empreints d'une douleur plus calme mais non moins profonde, et qui semble interroger une des gardiennes de l'hôpital.

Mais ce qu'il y a de réellement remarquable dans cet ouvrage, c'est l'énergique vérité avec laquelle sont rendus les divers caractères de folie qui se partagent l'hôpital. Il y a des rires fauves qui font mal et des rires niais qui font pitié, mais que la réflexion rend également amers. Nous signalerons, entr'autres, une vieille, échevelée, et assise sur les barreaux d'une chaise renversée. Non, jamais la folie ne fut reproduite sur la toile d'une manière plus hideuse et mieux sentie.

Ce qu'on peut reprocher à M. Biard, c'est la faiblesse de son coloris. Il est impossible qu'il ne comprenne pas le nouveau charme qu'il aurait répandu sur cette production en donnant plus de ton à la couleur.

166. — Tribu arabe surprise par le sémoum.

M. Biard change de palette, et nous transporte avec lui dans le désert. Arrivé là, il ne trouve rien de plus digne d'exercer ses forces que le sémoum, auquel l'Arabe ne peut penser sans frémir. N'importe, il fera face au fléau du désert, il l'envisagera, et nous familiarisera avec lui.

Du reste, nous ne pouvons juger de cette œuvre que par sentiment et par induction. Or, il nous semble que le soleil doit être ainsi lorsqu'il est enveloppé d'une trombe de sable, et qu'un spectacle aussi terrible doit stupéfier également les animaux et les hommes.

Nous avons encore de M. Biard, deux croquis du désert : un santon prêchant des Bedouins, et un concert de fellahs, aux environs d'Alexandrie. De pareilles scènes ne peuvent avoir été prises que sur les lieux.

Nous avons enfin un moine espagnol et sa servante, dévalisés par des voleurs, dans le défilé de la Sierra-Morena. Dans ce dernier tableau, on remarque l'air humble et soumis du moine, étendu sur la terre, et le timide regard jeté par lui, en retournant la tête, sur la femme rude et forte qui le tient en respect, en lui appuyant un pied sur l'épaule. Nous avons également remarqué le conducteur de la carriole malencontreuse, riant sans pitié de voir ainsi méconnue la dignité du révérend père.

M. SAINT-ÉVRE. — N° 2121. — LES FLORENTINS DE BOCCACE.

A part le coloris qui est mauvais, et quelques légères fautes de dessin, je préfère les Florentins à la Jeanne-d'Arc du même auteur. Il y règne, en général, un grand sentiment de l'époque qu'il a voulu peindre; sentiment d'ailleurs bien rendu. La jeune fille blonde, qui danse, est d'une légèreté qui trompe l'œil; et puis il y a dans toute sa personne je ne sais quel abandon qui séduit. Son beau corps, svelte et souple, semble tressaillir de joie sous la frêle robe qui le couvre; il ne lui manque enfin d'une sylphide que les ailes. Les groupes, disposés sur le fond du tableau, sont d'une touche spirituelle et facile; seulement, M. Saint-Evre aurait bien dû couvrir, au moins d'un pli de manteau, la malheureuse jambe du jeune seigneur qui pince de la guitare.

M. BOULANGER. — 244. — Muletiers espagnols.

J'aime la composition de ce tableau, elle est d'une grande vérité locale et fors quelques lourdeurs dans le dessin et un peu de convention dans le coloris, j'aime ces deux muletiers; l'un debout, près d'une mule, et suivant avec complaisance la fumée de sa cigarita; l'autre, assis contre un vieux mur crevassé et comptant avec une sérénité imperturbable la recette de la journée. Voilà du moins des caractères bien saisis, et non plus des hommes posant dans le tableau comme dans un atelier. Le cadre est étroit, mais l'action s'y presse, claire et tangible.

243. — La mort et le bucheron.

La couleur et la composition marchent de pair dans ce tableau. Nous ne parlerons pas du dessin; il ne pèche pas là plus qu'ailleurs, et comme les figures sont d'une très-petite dimension, les fautes glissent inaperçues. N'examinons donc que la couleur et la composition. La couleur, sombre et terreuse, convient bien au sujet. Rien de plus horrible à voir que ce squelette blanc de la mort qui se dessine sur le fond noir des branches. Et ce n'est point là un squelette immobile, laid de son unique laideur. Sa figure camarde et trouée a pris une expression hideuse d'amertume et d'ironie. Mais le bûcheron surtout, oh! le bûcheron, pâle, maigre, chancelant, les yeux hagards, les genoux pliés, les bras raidis, chaque poil de la face hérissé et comme pétrifié, il est affreux! c'est quelque chose de fantastique et de surhumain. On a de ces rêves là, une fois dans sa vie. — Ce n'est pas tout: la tête du bûcheron est finement modelée et le mouvement du corps bien rendu.

M. JOLLIVET. — Si nous n'avons pas parlé de M. Jollivet à l'article Histoire, c'est que son Christophe Colomb est d'une faiblesse de composition, de couleur et de dessin telle, que nous avons cru devoir le passer sous silence, par égard pour les productions vraiment bonnes dont nous allons parler:

1323. — Halte de Gitanos dans les montagnes de Ronda (Espagne).

Sur le premier plan, à gauche, un Gitano fumant une cigarita; à côté de lui et debout, une femme nue jusqu'à la ceinture et tressant sa chevelure brune; près d'elle un jeune enfant, le sien sans doute, sur le plan droit, un vieux Gitano, enveloppé dans une longue mante, et sur le dernier plan, une sentinelle debout, sa carabine à la main. Voilà l'esquisse rapide du tableau. Eh! bien? s'il est faible de dessin, il a de l'énergie et de la couleur. Le vieux Gitano, de droite, est d'un caractère neuf et vigoureusement accusé. Le Gitano qui fume a bien ce nonchaloir et cette gravité que l'Espagnol apporte à cette occupation si importante pour lui. Le torse de la femme est d'un beau ton de couleur et le mouvement de sa tête plein de souplesse et de vérité. L'enfant est mauvais; c'est un bloc de pierre dans lequel on aurait pratiqué trois solutions de continuité, une pour les jambes et une pour chaque bras. Les terrains sont vrais et la végétation forte et d'un vert foncé, telle qu'on la voit sur les hauteurs. Le défilé, noir et profond, que l'on découvre à peine au fond du tableau, et sur les flancs duquel se profile la silhouette immobile de la sentinelle, encadre et complète la scène.

1322. — L'intérieur de forges, sans être très-remarquable, est cependant d'un effet bien compris, seulement la lumière ne rayonne pas assez d'un centre commun et s'éparpille trop.

1324. — Une porte de couvent en Espagne.

Les fabriques sont vigoureuses de ton, mais les figures lourdes et avortées.

On retrouve encore quelque chose de la halte des Gitanos dans les brigands du royaume de Valence; mais, en général, le dessin est plus tourmenté et l'aspect du tableau moins attachant que l'autre.

M. MOUCHY a du talent, mais il est uniforme et n'exploite qu'un seul type, le laid. Passe encore pour ses chantres au lutrin (1760), qui sont d'un burlesque et d'une naïveté achevées, mais dans la mort de saint-Pacôme (1767), je défie bien qui que ce soit de deviner si ce sont des morts qui entourent un vivant ou si ce sont des vivans qui entourent un mort; la même lividité couvre leurs visages, qui semblent avoir été taillés à coups de pioche. Ce que nous disons là n'ôte rien au talent réel de M. Mouchy, mais en conscience, nous le lui demandons, pourquoi n'avoir qu'une palette et qu'un pinceau et tout niveler sur le même chevalet?

Les chantres au lutrin sont délicieux de verve et de sentiment; le coloris même est bien en harmonie avec le sujet, l'effet de lumière se comprend facilement, et puis l'idée de chantre entraînant toujours avec elle une idée de gros rire, M. Mouchy n'a pas eu tort de leur donner les physionomies grotesques que ses souvenirs, sans doute, lui ont inspirées. Mais il fallait quitter cette manière en prenant un autre sujet, et ne pas faire croire que c'était pour vous un parti pris.

M. KELLER. — 1376. — La jeune fille malade.

Voyez comme tous les personnages de ce tableau sont bien en scène; vous n'avez pas besoin du livret pour le comprendre, vous allez même plus loin que l'explication donnée par le livret et vous complétez l'œuvre dans votre esprit.

Oh! le grave médecin qui, de par Hyppocrate, veut guérir une jeune fille d'un mal qu'il ne connaît pas, et qui ne se guérit que par la main de celui qui l'a causé; l'amour? Comme il y a de l'aplomb, et cependant de l'embarras, dans son extérieur! et la mère, avec quelle sollicitude maternelle cherche-t-elle à lire dans les yeux du docte empoisonneur! Quant à la jeune fille, elle voudrait bien être guérie; elle se laisse faire, elle est de bonne-foi; mais elle doute du succès; et la jolie soubrette qui sourit là bas, que de finesse et d'ironie dans son geste! « Vous êtes trop vieux, M. Purgon, pour guérir ma maîtresse ».

Le dessin est ce qu'il doit être pour un pareil

sujet, et le coloris ne jure pas avec les figures; il y a de l'air entre les personnages; le fond de l'appartement recule bien.

M. COTTRAU. — 472. — Schehérazade raconte les mille et une nuits, au sultan des Indes.— Sa soeur lui annonce que le jour paraît.

On trouve dans ce tableau une palette brillante, un pinceau spirituel et une touche légère qui reproduisent, avec assez de vérité, la poésie des contes arabes et leur étincelante magie. Il y a surtout, dans les ajustemens et dans les parures un luxe de couleurs qui, mieux réglé, pourra jeter un grand charme sur les œuvres futures de M. Cottrau. Son dessin, d'ailleurs, n'est pas incorrect et l'expression de ses figures est heureusement rendue.

Nous avons, du même peintre, la rentrée du viatique dans l'église de *Santa-Lucia* à Naples (471), où M. Cottrau a fait preuve d'une connaissance parfois exacte des vives oppositions de la lumière et de l'ombre, par un effet de nuit.

M. MEULIEN. — 3136. — Sujet tiré des chroniques de Louis XIII.

Ce tableau pèche surtout par la composition. Est-il probable qu'une femme, surprise avec son amant par son mari, et les voyant tous deux mettre l'épée à la main, l'un pour se venger, l'autre pour se défendre, demeure tranquillement sur son lit à se lamenter? Est-il probable que, voyant son amant tomber mort, elle ne se précipite pas sur son cadavre en couvrant le vainqueur de mille imprécations? Est-il probable, enfin, que le mari, après avoir tué son rival, revienne de sa fureur et s'en tienne là?

La composition n'est donc pas raisonnée. Quant à l'exécution, elle est ce qu'elle pouvait être, après une pareille donnée. L'attitude du mari, qui contemple avec une joie farouche les deux victimes de sa vengeance, est bien rendue. Le cadavre du jeune page a plutôt l'air d'avoir été posé sur le carreau, que de s'y être tordu avant de mourir. Chacun sait l'effet produit sur un corps d'homme par un coup d'épée, effet totalement contraire à celui d'un coup d'arme à feu; dans ce dernier cas, tous les muscles sont détendus et le visage indique plutôt un sommeil paisible que la souffrance. Enfin la femme est d'un aspect désagréable, quoique le mouvement de son corps et de ses bras soit bien dans la nature. Du reste l'ensemble du tableau prouve, dans M. Meulien, une étude approfondie de l'époque où il a pris son sujet; chaque personnage porte bien son costume et n'a pas l'air d'être travesti. Cependant nous devons dire à M. Meulien que nous préférons, à son œuvre de cette année, l'assassinat du duc d'Orléans, rue Barbette, exposé par lui au dernier salon; c'est lui dire que nous nous attendons à une revanche.

M. VAN-DER-BERGHE a exposé cette année diverses productions, parmi lesquelles on remarque un convoi funèbre, dans la rue del Corso, à Rome (2314), et une ruine du Palais des Césars, à Rome (2316). Mais ce qui plaît le plus généralement, parmi les œuvres de ce peintre, c'est une étude d'après une albanaise (2322), et surtout un portrait de femme (2325). Cette femme est d'un certain âge, haute en couleur, et coiffée d'un bonnet de tule blanc. Le modelé de la figure est d'une grande vérité. On voudrait seulement moins de dureté dans les contours du bonnet.

M. A. COUDER. — 476. —Sc ènes tirées de la Notre-Dame-de-Paris, de Victor Hugo.

La Notre-Dame de M. Victor Hugo a porté malheur, cette année, à un grand nombre de peintres. Chacun l'a estropiée de son mieux, et Dieu sait comme. La Esméralda, si suave, si svelte, si légère, vrai songe d'amour par une nuit de printemps, s'est fanée sous leurs mains, et a dépouillé ses formes aériennes pour revêtir des membres lourds et terrestres.

M. Aug. Couder l'a tuée avec préméditation. Il n'a pas été plus heureux dans Claude Frollo, dont il a fait un vilain moine, sans caractère et sans portée ; ni dans le capitaine Phœbus, qui, sous son pinceau, s'est changé en un mignon du boulevart. Il y a, cependant, placés, à droite et à gauche du tableau principal, deux petits sujets bien traités : l'un, c'est le meilleur, représente le siége de Notre-Dame, par les Truands; l'autre, la mort de Claude Frollo. Le médaillon de M. Victor Hugo est assez ressemblant. Pourquoi M. Couder lui a-t-il donné les joues roses d'une jeune fille ? Il faut que sa mémoire ou ses yeux l'aient beaucoup trompé.

M. LEHOUX, dans ses scènes du désert, nous paraît inférieur à M. Biard, quoiqu'il termine plus que ce dernier. Toutefois, nous y remarquons quelques uns des tons chauds que le soleil du tropique imprime à ces régions. Pourquoi en abuse-t-il, et cherche-t-il à produire de l'effet aux dépens de la nature ? Il a, du reste, quelques bonnes études de chevaux, et, dans les figures, le caractère qui convient au pays. Nous citerons, entr'autres, l'émigration d'Arabes (1539), et un camp d'Arabes-Bedouins (1541).

M. HYPPOLITE LECOMTE, dans ses scènes historiques, a de l'arrangement et de la facilité. Ses personnages sont bien groupés ; on y sent la couleur de l'époque, excepté dans les figures, auxquelles nous voudrions plus de caractère et de vérité. Toutefois, celui de ses ouvrages que nous préférons encore aux autres, est la fin du duel de l'abbé de Gondy devant le bastion espagnol (1498).

M. COLIN n'a guère été plus heureux dans ses tableaux de genre que dans son tableau du Dante. Cependant nous retrouvons encore, de temps à autre, quelques étincelles de son talent. Les figures de don Juan et d'Haïdé (435) ne manquent ni de grâce ni de charmes; mais le dessin n'en est pas assez ferme, ni le coloris assez vigoureux.

M. ROGER. — 5. — DEUX RELIGIEUSES.
Malgré la faiblesse de cette composition, nous avons rencontré des parties d'un dessin correct, et, parfois, un sentiment d'expression et de couleur que nous nous plaisons à reconnaître.

M. RIOULT. — 2022. — DEUX TRÈS-JEUNES FILLES.
Ce tableau ne manque ni de grâce ni de dessin, mais la composition nous en semble fade; nous n'aimons pas les femmes nues, encore moins les enfans.

Nous engageons M. Rioult à ne pas dépenser un talent réel dans de pareils sujets.

M. GIGOUX. —3048.— UN MARÉCHAL FERRANT.
On ne rencontre, dans ce tableau, aucun des défauts ordinaires de M. Gigoux; on y trouve beaucoup de ses qualités. Ainsi les chairs sont touchées plus vigoureusement que dans la Dubarry et Henri IV. Le coloris est plus franc, le

dessin, moins gêné. Il est vrai de dire que la composition étant presque nulle, le peintre a pu concentrer tout son talent sur l'exécution. N'importe; il a réussi. La tête de son maréchal est d'un caractère et d'un relief étonnans; elle est à la fois pleine d'énergie et d'insouciance; c'est un homme qui ne vit que dans le présent, et dont les allures doivent être, par conséquent, rudes et décidées. L'ensemble du tableau, comme ton général et comme effet, a beaucoup de rapports avec l'école flamande.

M. HARLÉ.—1211.—Une jeune Mère.

Voici absolument le même sujet traité par M. Mouchy. Mais quelle différence! Comme tout ici est bien compris! le dessin, le sentiment et la couleur y dominent également. Quelle douce sérénité repose sur le visage de la jeune mère! avec quelle joie intime et recueillie elle caresse du regard son enfant qui dort! On dirait qu'elle l'environne d'une atmosphère d'amour et de bénédiction; tout semble rayonner autour d'elle. Comme le mouvement de son corps est plein de charme et de vie! Que j'aime ces deux bras si bien modelés qu'elle croise l'un sur l'autre et qu'elle appuie sur ses genoux! Regardez: point d'afféterie dans son moindre geste; tout y est naturel; son beau col se penche avec grâce sous la tête qu'il supporte et cela sans coquetterie.

C'est l'amour maternel qui seul fait éclore, sur ses lèvres, ce sourire ineffable qui l'entoure plutôt de respect que de séduction. Que peut faire, après cela, la critique? Découvrir un pli de vêtement qui ne soit pas assez indiqué, un contour mal dessiné? Voilà tout. Encore ces légers défauts se trouvent-ils bien rachetés.   T.

—On prétend que M. Roqueplan ne fait plus actuellement que des pastiches; dans tous les cas, ce sont de jolis pastiches. Certes, nous voudrions dans ses tableaux plus de vérité, de couleur et de solidité en général; mais enfin il y a de l'esprit et parfois une composition agréable quoique maniérée; son J.-J. Rousseau conduisant le cheval de Mademoiselle Galley (2061), offre ces qualités et ces défauts; le groupe des deux demoiselles est spirituellement composé, et les détails sont faits avec finesse; mais la perspective n'y est pas comprise et la couleur manque de ton. En somme, M. Roqueplan a-t-il bien rendu l'idée de J.-J. Rousseau? Nous avons encore de lui la Promenade dans le parc (2064), composition inférieure, vrai pastiche; une scène d'intérieur (2067); et le Billet (2066), charmante petite scène pleine de naïveté que nous préférons aux autres. Une jeune femme vient de recevoir un billet auquel elle répond; un jeune page attend sa réponse debout devant elle, tandis que deux petits enfans jouent derrière lui avec son épée. Tout cela est rendu avec esprit et finesse. Nous ne savons pas pourquoi M. Roqueplan s'acharne à imiter Watteau, car il nous a montré autrefois comment il savait être original; nous ignorons aussi pourquoi il ne fait plus de grandes pages : certes, les encouragemens ne lui ont pas manqué.

M. DESTOUCHES nous semble cette année bien inférieur à lui-même. Nous le disons franchement, en voyant à la dernière exposition ses compositions pleines de charme et de vérité, nous avons cru remarquer en lui un talent réel ; cette année, il a paru vouloir tromper nos prévisions. Son tableau de la lettre d'abandon (684) est raide et guindé, ses personnages sont mal posés et l'action en est banale. Cependant on retrouve encore le talent de M. Destouches dans quelques parties de son *hussard en sémestre,* dont le sujet du reste est complètement faux.

— Chaque homme a son talent, et il en est qui ne peuvent pas franchir leur sphère. On sait tout ce que le crayon de M. Bellangé a produit de spirituelles lithographies; tout le monde connaît ses scènes militaires prises sur nature : là dessus il y a unanimité pour lui rendre justice; mais la peinture exige d'autres qualités, et M. Bellangé ne paraît pas les posséder entièrement; ses tableaux sont généralement monotones, ses figures n'y ont pas le même mérite que dans ses lithographies, son coloris n'y est pas vrai. Toutefois, il y a encore dans sa halte de soldats (133), et dans son marchand de plâtres ambulant, des parties qui dénotent un homme de talent.

M. PIGAL, qui, cette année, a mieux réussi que M. Bellangé, semble venir démentir ce que nous avons avancé au sujet de ce dernier. Nous nous hâtons de répondre que si M. Pigal a fait, cette année, trois jolis petits tableaux, il est loin du mérite de M. Bellangé pour la lithographie. Une première prise (1913), le Néophyte (1912), l'arrivée du nouveau directeur au pensionnat (1911), sont trois tableaux d'une grande vérité de mœurs.

2395. — 2396. — 2397. Les héritiers, Avis aux mères, l'Orpheline.

Des scènes hors nature traitées sans esprit, une peinture insipide, des têtes plus plates les unes que les autres, tel est le résumé de ces trois tableaux de M. Vigneron; nous allons en rendre juge le public.

Dans le tableau des héritiers, des parens sont assemblés et comptent l'argent en claque et en costume de bal; d'autres cherchent partout s'ils ne trouveront pas quelques objets ignorés, bien entendu qu'ils ont l'air de rapaces, tandis que, pour faire contraste, un élève de l'école Polytechnique pleure debout dans un coin; qu'une vieille femme pleure à genoux, et qu'un héritier fait apporter, par la servante qui pleure aussi, comme cela doit être, une serviette pour couvrir les pieds du défunt. Nous ne nous arrêterons pas davantage sur ce tableau, nous ne ferons pas remarquer combien il est hors nature, ni tout ce qu'il y a de sot à représenter continuellement un élève de l'école Polytechnique comme l'idéal de tout ce qu'il y a de beau, de grand et de généreux; nous sympathisons plus qu'aucun autre avec les élèves de l'école Polytechnique, et c'est pour cela que nous ne voudrions pas voir un artiste les prostituer sur un pareil tableau; enfin, si on nous cite un seul homme capable de figurer dans la scène que M. Vigneron nous a représentée, nous consentons à ne pas regarder ses héritiers comme une œuvre absurde.

Pour en finir avec M. Vigneron, nous disons qu'une jeune mère étant au bal, la bonne a mis dans son propre lit l'enfant confié à sa garde; qu'en étendant les bras en croix pour dormir (c'est sans doute ainsi que dort M. Vigneron), cette bonne a poussé sur la tête de l'enfant l'oreiller qui était dessous; qu'une fois cet oreiller sur la tête de l'enfant, et pour lui faciliter la respiration, la même bonne y a appuyé son bras; qu'elle a fait tout cela sans se réveiller; que la mère arrivant du bal, trouve la bonne endormie et son enfant en train d'étouffer; et qu'enfin, M. Vigneron appelle cela : l'Avis aux mères. Quel philanthrope que ce M. Vigneron !

Je n'ai pas le courage de parler de l'Orpheline. Quant à la peinture de M. Vigneron, il a une habitude qui pourrait passer pour du talent aux yeux de ceux qui n'auraient jamais vu d'autres tableaux que les siens.

— Heureusement que, pour nous consoler, nous avons encore les deux petits tableaux de M. Bard. Sa *Vieille grand-mère* est une petite page sans prétention, qui ne manque ni de sentiment ni de finesse; son Pierrot jouant de la guitarre (2935), est d'une expression assez originale. Certes, ces deux petits tableaux sont loin d'être parfaits, mais enfin, lorsqu'on voit un jeune homme comme M. Bard, qui joint à l'étude un talent véritable, et qui choisit un sujet modeste pour le mieux rendre, on est toujours porté à l'encourager.

— Nous en dirons autant de M. Badin. Sa scène de mendians s'abritant contre l'orage (76) est rendue avec une vérité simple et naïve; nous avons distingué la figure du jeune enfant qui regarde tristement tomber la pluie. M. Badin a exposé deux autres tableaux qui ne sont point au-dessous de celui-là, mais dans lesquels on voudrait un coloris moins imité des flamands.

— Parmi les tableaux de M. Franquelin, nous avons remarqué une Catalane priant pour son fils malade (988). Il y a un sentiment véritable dans cette figure ; cette femme est bien pénétrée; tout l'ensemble de la scène est bien rendu.

— Nous remarquerons encore parmi les peintres qui ont cherché à étudier des scènes vraies et prises dans la nature, M. Châtillon dont les Ramoneurs (614), rendus avec vérité, nous paraissent cependant trop propres pour leur condition ; M. Bazin, M. Marlet, madame Beaudin, M. Bertier, dont nous citerons les Comédiens ambulans (155); M. Perlet, qui a exposé sous les n°s 1877 et 1879, deux têtes bien étudiées ; M. Spindler auquel nous devons une suite de petites scènes pleines d'intention, entre autres le Juge bienfaisant (2200) et le Curé de campagne (2201), dans lesquelles nous voudrions toutefois une plus grande étude des personnages; M. Ducornet, qui, au mérite de peindre sans bras, joint celui d'une couleur brillante, d'un dessin exact et d'une composition assez bien entendue dans ses Marchands juifs (735); M. Hautier, dont la scène de Marie-Stuart, quoique trop louée, n'est cependant pas tout-à-fait sans mérite ; M. Signol, dont le tableau de Paul et Virginie a été apprécié lors des envois de Rome ; M. de Jonnés, dont la tête de Châtelaine n'est pas dépourvue de couleur ni de sentiment; enfin, M. Francis, dont le petit tableau du Maquignon offre une bonne étude de cheval.

PORTRAIT.

Cette année, comme les précédentes, les portraits fourmillent au Salon. Il faut bien souffrir ce qu'on ne peut empêcher; mais nous ferons remarquer qu'il y a un singulier amour-propre à exposer des ouvrages d'une aussi évidente médiocrité que le plus grand nombre de ces portraits. Le portrait est la peinture de famille, et beaucoup de personnes ne lui demandent que la ressemblance; c'est ce qui fait qu'un si grand nombre d'artistes, presque nuls, se jettent à corps perdu dans ce genre de peinture, le seul où ils puissent tirer parti de leur médiocrité.

Il y a cependant des hommes d'un grand mérite qui se livrent presque exlusivement aux portraits; d'autres, sans s'y livrer entièrement, en produisent quelques uns; mais leurs ouvrages se distinguent facilement de cette foule de médiocrités; leurs grandes qualités s'y rencontrent toujours.

Nous ne discuterons pas le mérite d'un portrait; ce qu'il y a de certain, c'est qu'un artiste de talent peut toujours s'y faire valoir. Il y a dans un portrait, le dessin, la couleur, la vérité, et même le sentiment; et, certes, un homme qui, dans une œuvre quelconque, réunit toutes ou plusieurs de ces qualités, peut passer pour un grand artiste.

— M. INGRES, cette année, n'a exposé que des portraits qui suffiraient pour établir sa réputation, si elle ne l'était pas depuis long-temps. C'est que les portraits de M. Ingres sont des œuvres capitales, étudiées jusque dans leurs moindres parties; c'est que M. Ingres ne s'est jamais inquiété de ce qu'on disait, qu'il a poursuivi sa route en maître. Long-temps il a été méconnu, repoussé, mais jamais découragé; car il avait la conscience de ses forces. Aujourd'hui, il jouit du plus beau triomphe que puisse désirer un artiste. Mais il est arrivé à M. Ingres ce qui arrive toujours après une persécution, c'est qu'il y a eu réaction à son avantage. Autrefois M. Ingres était méconnu, persécuté, il est sur un autel aujourd'hui; aujourd'hui il a des adorateurs, des fanatiques, non point de son talent, car nous le sommes tous, mais de sa manière, et, dans tout celà, c'est l'art qui y perd. Nous allons le prouver: M. Ingres a le génie de la peinture; il entend admirablement le dessin et la composition d'un tableau; mais M. Ingres n'est pas ou ne veut pas être coloriste, et si, partant de là, M. Ingres s'était appliqué à apprendre à ses élèves seulement le dessin, il aurait rendu à l'art un service signalé. Or, il n'en est pas ainsi, les élèves de M. Ingres copient non-seulement ses admirables qualités, mais, comme lui, font abstraction de la couleur. Il suit de là que tous ceux qui n'auront pas le talent de leur maître, et ils doivent être en grand nombre, en outrant ainsi son défaut, risqueront de tomber dans la médiocrité, qui, en fait d'art, est le pire de toutes les choses. Pour M. Ingres, à peine si on a le courage de lui reprocher sa couleur, tant il la rachette par des qualités supérieures; mais pour ses élèves, et dans leur intérêt, on doit en agir autrement. La couleur n'est pas tant à négliger qu'ils le pensent; le mérite de la couleur, presque seul, n'a-t-il pas immortalisé Rembrandt?

Parmi les deux portraits de M. Ingres, il serait bien difficile de dire celui auquel on doit assigner la supériorité. Celui de M. Bertin est admirablement dessiné ; le modelé en est d'une vérité frappante : c'est bien le caractère de la tête de M. Bertin; il a de la vie, de la saillie, et tous les détails sont supérieurement faits; mais il suffit d'avoir vu M. Bertin pour savoir que ce n'est pas là le ton de ses chairs.

Dans le portrait de la dame romaine, le bras droit et la robe sont d'une excellente couleur : il n'en est pas ainsi de la figure; mais le nez, la bouche et les yeux sont dessinés comme on n'a jamais dessiné.

— M. SIGALON. — Le portrait qui mérite le plus d'aller à côté de ceux que nous venons d'examiner, est évidemment celui de M. Schœlcher père, par M. Sigalon. Il est d'un modelé et d'un dessin remarquables, d'une grande vérité de coloris et d'effet. Comme chez M. Ingres, tout y est étudié; les mains sont supérieurement peintes, et les habits rendus avec une grande exactitude. M. Sigalon est coloriste et sait tirer parti de tout; le fond qu'il a mis à son portrait lui est très-favorable, et en augmente beaucoup le relief.

— M. HORACE VERNET a concentré, cette année, tout son talent dans un portrait; il faut dire aussi qu'il est remarquable. Une dame romaine touche du piano, pendant qu'une nourrice, placée derrière elle, tient son enfant dans ses bras (2359). La tête de la femme est belle, pleine de grâce en même temps et de noblesse; sa pose est simple et vraie, sa robe blanche bien rendue, mais ses genoux semblent entrer dans le piano. Quant à la nourrice, sa tête brune et vigoureuse se détache bien sur le fond du tableau; c'est en somme un ouvrage d'un grand mérite.

M. H. Vernet a encore d'autres portraits sur lesquels il n'y a rien à dire; mais il nous est impossible d'être aussi discrets avec son portrait du roi (2357). C'est une chose inouïe que de le voir abuser de sa facilité à ce point. Sans doute M. H. Vernet l'a fait à Rome, de souvenir, ou à Paris, pendant les huit jours qu'il est venu y passer dernièrement; car il est impossible de rien faire de plus médiocre.

M. J. ETEX a exposé, sous le n° 866, un excellent portrait de femme. La pose est d'une simplicité remarquable, la figure d'un dessin ferme et agréable, le ton des chairs est vrai quoique sans éclat; et cette partie mérite d'autant plus d'éloges qu'il était plus difficile d'éviter le reflet de la robe d'un bleu clair. Les autres portraits de M. J. Etex, quoique inférieurs à celui-là, sont loin d'être sans mérite.

— Nous avons de M. A. Brune, outre plusieurs portraits, une tête d'étude vraiment remarquable. L'auteur a voulu représenter une mulâtresse habillée de noir, sur un fond gris noir, et il a bien réussi; la figure est bien dessinée, les chairs sont modelées avec vérité, la couleur en est harmonieuse, et tout y est fait avec soin. Avec de pareilles qualités, on produit toujours de l'effet aux yeux des véritables artistes.

M. SCHNETZ. — 3202 — Bianca-Capello.
Cette tête d'étude est au niveau des anciennes

productions de M. Schnetz, et ce n'est pas peu dire. Que de sentimens elle fait naître dans l'âme! comme tout y est bien en rapport! le dessin en est pur et correct, le coloris frais et brillant, les détails simples et vrais. Il n'est pas jusqu'au fond du tableau qui ne vienne ajouter au mérite de cet ouvrage en donnant du relief à la tête. Nous louons ici M. Schnetz avec d'autant plus de plaisir, que ce n'est qu'avec de pareils ouvrages qu'il pourra faire oublier son malencontreux plafond.

M. ZIÉGLER. — 3230. — Le cardinal M....

Ce portrait, ou plutôt cette tête d'étude, est d'une vigueur et d'un modelé rare. Le front tout entier est d'une exécution parfaite; il y a une pensée profonde dans tout cela. Nous ferons seulement un reproche à M. Ziégler: c'est que, quoique son coloris soit en général bien approprié aux sujets qu'il choisit, il est trop uniformément sombre. Nous l'engageons à craindre la monotonie dont cependant il est encore loin.

— Le portrait de M. A. Carrel, par M. Henri Scheffer, est d'un effet rembranesque trop fortement prononcé; les ombres vigoureuses sont un peu uniformes, mais la pose en est bonne, le caractère de la tête vraie, les yeux sont bien enchassés, et toutes les parties de la figure bien en harmonie; il y a de la méditation en même temps et de la fierté. Mais pourquoi ce coloris surchargé?

M. H. Scheffer y a cependant renoncé dans ses autres productions. M. Scheffer aîné a exposé sous le n° 2159, une tête d'enfant avec un chien. Cette petite composition, sans être entièrement vraie, est d'un caractère, d'un dessin, d'une couleur et d'une suavité délicieuses.

M. GUICHARD s'est enfin peint lui-même. Il paraît que cela porte bonheur ; car, chez lui comme chez M. Amaury Duval, son portrait est le meilleur de ceux qu'il ait faits. La couleur en est bonne, le dessin vigoureux, la tête a du caractère et tous les détails sont bien rendus ; la main seulement nous a paru trop longue.

— Nous avons remarqué de M. Rouget un très-beau portrait de madame R... et ses enfans (2079); le coloris en est brillant, la tête a de la grâce et de l'expression, la jeune fille est pleine de naïveté, tout en général est fait avec finesse ; nous voudrions cependant un peu plus de vigueur dans le fond. M. Rouget a encore montré, dans d'autres portraits sous les n°s 2080 et 2082, qu'il avait un véritable talent pour ce genre de composition.

M. LÉPAULLE.—Au milieu de cette affluence de portraits, il ne faut pas oublier M. Lépaulle qui en a fourni sa bonne part. Si tous les artistes étaient aussi féconds que lui, le Louvre ne suffirait bientôt plus aux seuls portraits. Cependant nous n'avons point à nous en plaindre, car il ne sacrifie pas la qualité au profit de la quantité. Le portrait de M. le duc de Choiseul est plein de vérité; mais ce qui fait le plus d'honneur à M. Lépaulle, c'est que, parmi ses portraits, il en est peu qui ne méritent d'être cités. Nous croyons cependant devoir donner la préférence à ceux de MM. de Wagram et de Plaisance, de madame de Wagram, de M. Dupin, de M. de Rotschild et de mademoiselle Amigo.

M. DUBUFE est un de ces hommes dont le succès dans le genre du portrait étonne les véritables artistes. C'est une chose, cependant, qu'on finit par s'expliquer avec un peu de réflexion. M. Dubufe est un homme d'esprit, et vous allez voir comment : il connait son monde et s'adresse presque toujours aux femmes; il ne cherche qu'à leur plaire et à flatter leur amour-propre; pour cela, il a soin de les peindre souvent mieux qu'elles ne sont, de leur faire des mains délicates, des chairs blanches, des ajustemens fins, de leur donner des poses à effet; son coloris est éclatant, sa peinture soufflée, tout cela éblouit. Certes, il n'y a rien de vrai; mais qu'est-ce que cela fait à M. Dubufe? il sait bien ce qu'il fait. M. Dubufe n'a pas pour but d'atteindre la vérité, mais d'être à la mode. Après cela, allez parler d'art, de conscience, de réputation solide à M. Dubufe, il vous rira au nez, et en aura le droit, comme vous de le lui rendre. Mais suivons encore M. Dubufe, et nous en verrons bien d'autres : toutes ses femmes sont également faites, également jolies, également luisantes; s'il en peint une âgée, elle devient jeune et jolie, quand même; à la vérité ce n'est plus la même personne, le même caractère de tête, tout cela ne fait rien à M. Dubufe. Il s'aperçoit bien qu'en définitive il trompe le monde; que quand on lui demande son portrait, il ne doit pas vous donner celui d'un autre; mais il s'est dit: quand cela déplaira, je ferai autrement; et nous croyons qu'il n'attendra pas long-temps. Voilà donc le secret du succès de M. Dubufe; voilà quel est son talent, si talent il y a. Mais, du reste, rien de solide chez lui; les contours ne sont pas arrêtés, le dessin en est faux, les chairs molles et souvent transparentes, la couleur a du clinquant sans vérité, la pose, de la fadeur sans grâce. Nous avons vu plusieurs des femmes qu'a peintes M. Dubufe; certes, il ne lui eût pas été possible de les faire plus belles qu'elles ne sont, mais il les a faites belles à sa manière : il a changé le caractère de leur figure pour en donner un tout-à-fait à lui; quelle différence ! Je ne souhaite pas à M. Dubufe qu'on voie souvent les originaux à côté des copies. Et ce que nous disons de M. Dubufe, nous le disons avec d'autant moins de regret, qu'il a changé un talent primitif, un sentiment assez vrai de la couleur, pour une manière fausse, clinquante et toute de convention, qui séduit d'abord, mais dont les personnes les plus engouées ne tardent pas à revenir. On a eu l'imprudence de l'appeler le peintre des femmes ; aucun artiste ne nous semble encore mériter cet honneur, et moins M. Dubufe que tout autre ; et si un petit sentiment d'amour-propre et de vanité, bien excusable, a entraîné quelques femmes à élever jusqu'aux nues la peinture de M. Dubufe, leur bon goût, leur tact fin et délicat et leur sentiment exquis ne tarderont pas à les ramener à l'admiration exclusive de la nature et de la vérité.

M. CHAMPMARTIN, dont les débuts dans la peinture historique avaient démontré un talent fort et vigoureux, semble avoir abandonné cette carrière pour se livrer presque exclusivement aux portraits ; et, nous devons le dire, les qualités qui d'abord l'avaient fait connaître du public ne sont pas celles qui dominent aujourd'hui dans ses ouvrages. Les portraits de M. de Champmartin ont, en général, de la grâce et de l'expression, la couleur en est bonne, le modelé a de la vérité, mais ils manquent de solidité ; ses contours ne sont pas arrêtés, et ils ont le grand défaut de se ressembler tous ou plutôt d'être fait les uns comme les autres. Malgré ces défauts, ce sont encore des ouvrages de mérite.

Le portrait de M. le baron Portal est celui de M. Champmartin que je préfère à tous les autres; la pose en est naturelle, la tête pleine de vérité; la couleur en est bonne et tous les détails sont bien rendus. Ce qu'on pourrait reprocher à ce portrait c'est d'être posé un peu trop en avant du tableau.

Celui de M. Decazes, quoique inférieur, mérite cependant d'être remarqué. La pose a de la noblesse, la figure de la dignité, et la ressemblance est exacte; mais il manque de solidité dans les chairs, et on y remarque une grande uniformité de ton dans toutes les parties. Nous aimons beaucoup moins le portrait du maréchal Clausel (374).

M. Champmartin a du talent, mais il use largement de sa facilité. Nous sommes loin de le comparer à M. Dubufe; mais qu'il prenne garde.

M. DECAISNE. — Ses portraits ont, en général, du brillant; ils sont d'un effet agréable, mais peut-être manquent-ils de saillie et de vigueur. Dans son portrait de la princesse Clémentine, la tête a de la grâce, de la simplicité, et un air de candeur que l'artiste a heureusement saisi; mais le ton des chairs n'est point assez relevé, et la couleur générale du tableau est un peu uniforme.

En général, les portraits de M. Decaisne manquent de modelé.

— M. DELACROIX a exposé cette année des portraits qui n'ajouteront point à sa réputation; ils sont, en général, trop uniformes de couleur et manquent de saillie. Quand on a le talent de M. Delacroix, on ne doit point s'en tenir à des portraits. Depuis le dernier Salon, M. Delacroix a été presque toujours en voyage; mais nous attendons de lui, pour la première exposition, quelque grande composition. Son Charles-Quint jouant de l'orgue (3003), sans être au niveau du talent de l'auteur, offre cependant de belles parties. Le moine qui contemple l'empereur a de l'expression, et la tête de Charles-Quint, quoique trop jeune, a du caractère et de la mélancolie.

— M. GIGOUX a bien un peu le même défaut, quoique d'une manière moins saillante; mais ses portraits offrent de grandes qualités. Ceux des généraux polonais Dwernicki, et Ostrowski ont bien la fierté et l'élévation de sentiment qui leur convient. La figure est bien modelée et tous les détails sont bien rendus; mais pourquoi les avoir représentés dans les nuages?

Le portrait du prince Michel Soutzo (794) par M. Louis Dupré, est une œuvre achevée. La couleur en est harmonieuse et vraie, la pose naturelle et la lumière y est heureusement répandue. Nous reprocherons cependant à la figure de manquer un peu de vigueur ; mais ce léger défaut est inaperçu au milieu des nombreuses qualités de ce beau portrait. M. Louis Dupré l'a fait dans le pays. On sait que son voyage en Grèce lui a inspiré un ouvrage plein d'intérêt et de vérité.

—Les portaits de M. E. Giraud, bien qu'à l'aquarelle, sont des ouvrages trop remarquables dans leur genre, pour les passer sous silence. Nous citerons celui d'Hérold (1075), de madame H... (1070), et surtout celui de M. Janin, d'une étonnante vérité.

— Nous ne devons pas oublier le charmant petit portrait que madame Fol-Straub a exposé sous le n° 938. La figure a de la grâce, la pose a de la vérité. Agrément, finesse, simplicité, tout, jusqu'aux choix du sujet, dénote dans ce petit ouvrage le pinceau délicieux d'une femme. Nous ferons cependant un léger reproche à madame Fol-Straub. C'est que les chairs réflètent un peu trop la couleur violette de la robe. Nous regrettons qu'avec un si beau talent dans ce genre, elle n'ait pas produit davantage.

MINIATURE.

On ne peut déployer dans la miniature des effets aussi larges ni aussi variés que dans le portrait; mais elle exige généralement une plus grande finesse et un sentiment exquis de la couleur: aussi voyons nous que les femmes y réussissent généralement. Eloignées par leur nature des ouvrages grands et vigoureux, elles excellent dans tout ce qui demande de la finesse de sentiment, parce qu'en cela aussi leurs organes les servent admrablement.

Malgré la répution de madame de Mirbel dans ce genre, nous dirons qu'elle est au-dessous de son talent. Il est impossible de rendre avec plus de vérité le caractère de la figure, d'animer des portraits, de les poser d'une manière plus agréable. Comme le ton des chairs est naturel! comme les ajustemens sont rendus! comme tout est étudié! Madame de Mirbel se surpasse tous les jours, sans compter qu'elle nous a donné cette année des portraits vraiment surprenans à l'aquarelle (1735). Là comme dans ses miniatures, tout est vrai, naturel et agréable; mais la difficulté était plus grande et le mérite doit être en proportion. Franchement, tout autre qu'une femme pourrait-il produire de pareilles œuvres? Cette vérité si fine, ce sentiment si délicat et presque imperceptible, cette grâce délicieuse, cette exquisité de touche, tout cela n'est-il pas l'apanage exclusif d'une femme? Madame de Mirbel réalise pour moi l'idéal de la miniature la plus rapprochée de la perfection.

A la suite de madame de Mirbel, nous voyons beaucoup de dames douées d'une ou de plusieurs de ses qualités, mais toujours de qualités du même genre; car on a beau dire, les dames ont conquis la miniature, et ils faut leur céder le pas. Nous citerons madame Augustin dont les miniatures (58) ne manquent ni de grâce ni de vérité, mais dont les chairs sont peut-être un peu molles; madame de Watteville, dont la couleur est harmonieuse et vraie; mademoiselle Legrand; madame Gaillard, dont les contours sont gracieux mais les ajustemens un peu négligés; madame Collière, dont les miniatures (454) étudiées avec soin sont rendues avec grace et vérité; madame Kautz, dont quelques uns des portraits à l'aquarelle méritent d'être cités.

PLAFOND.

— Nous n'avons jamais conçu, nous devons le dire, l'idée des plafonds qu'on fait aujourd'hui. Il nous a toujours semblé contre nature de peindre en l'air des personnages dont la position habituelle est verticale, et surtout de peindre de l'architecture.

Toutefois, si, en admettant la donnée, nous en étions récompensés par le mérite des ouvrages, il n'y aurait que demi-mal; mais il s'en faut de beaucoup qu'il en soit ainsi. Il est impossible d'avoir été plus malheureux que le gouvernement cette année dans la décoration du Louvre. La faute n'en est cependant pas entièrement à lui. Certes, en confiant un plafond à M. Fragonard, il devait s'attendre à ce qui est arrivé; mais à l'égard de M. Schantz, pouvait-il s'imaginer qu'il ferait une œuvre si indigne de lui? M. Drolling avait-il jamais fait craindre un ouvrage aussi médiocre? Passe encore, à la rigueur, pour M. Alaux: il y a de la disposition et une certaine couleur dans son plafond, mais aucun caractère dans les figures; pour M. Heim, dont la composition est assez bien entendue comme plafond, et dont l'exécution est passable. Quant à M. Devéria, nous sommes fâchés de le voir en pareille compagnie, non que son œuvre soit supérieure, mais parce qu'elle offre de grandes qualités. Heureusement que nous avons l'espoir de deux autres plafonds, un de M. Steuben et un de M. L. Cogniet, et qu'on nous a rendu la bataille d'Austerlitz, à laquelle M. Gérard, dont nous regrettons vivement de ne rien voir de nouveau, a fait une si heureuse et si pittoresque addition ! A.

PAYSAGE.

Cette année, le paysage s'est placé hors de ligne. Si d'autres genres se sont montrés stériles, lui seul s'est chargé de leur revanche. Plusieurs noms déjà connus ont acquis une célébrité nouvelle; d'autres, obscurs encore, se sont fait voir au grand jour. Le paysage historique n'a pas été aussi heureux; MM. Bertin, Regnier, Bacler-d'Albe et Baltard l'ont vainement défendu; il bat en retraite chaque jour : puisse-t-il préférer une capitulation honorable à une honteuse défaite!

M. BRASCASSAT. — 285. Paysage avec animaux.

Il n'y a dans ce paysage qu'une seule chose de remarquable, c'est le taureau. Son encolure manque peut-être de vigueur et de fierté; mais le jeu des muscles est bien senti, les membres sont harmonieux et souples. Nous regrettons en vérité que M. Brascassat ne s'adonne pas exclusivement à peindre les animaux.

281. — Vue de la campagne de Rome.

Les terrains sont d'une grande vérité, mais on dirait qu'ils se réflètent sur les arbres, tant ils ont de rapport entre eux pour la couleur. Les horizons reculent bien et l'air circule assez librement entre les branches. Il y a du soleil dans tout cela; on pourrait même dire que ses rayons sont trop éparpillés, et qu'au lieu de diverger d'un centre commun, ils convergent vers un même but. Aussi, dans ce tableau, les effets de clair obscur ne se comprennent-ils pas toujours.

M. DAGNAN. C'est une bonne fortune pour un critique, au milieu de tant de succès d'emprunt et de coterie, d'avoir à constater un succès légitime, un succès de bon aloi. Et ici notre opinion s'appuie sur celle du public et des artistes. C'est en résistant aux caprices de la mode, à toute manière, à toute convention pour se livrer exclusivement à l'étude consciencieuse de la nature, que M. Dagnan est parvenu aujourd'hui au talent à la fois vrai et varié qui le rend si supérieur aux froids imitateurs de Michallon.

519. — Forêt de Compiègne.

A vous qui aimez la solitude, je dirai : venez voir la forêt de M. Dagnan. Égarez vos yeux sous ces branches vertes qui se croisent en mille ogives, sans perdre pourtant les diverses nuances qui les distinguent; épanouissez-vous à ces beaux rayons de soleil qui font aux chênes branchus de lumineuses trouées; suivez le cours de ces eaux fraîches et limpides qui étincellent par intervalle, et qui s'enfuient en serpentant, vers l'horizon; parcourez, en esprit, le sentier tortueux qui s'enfonce sous les rameaux.

Et certes, il faut l'avouer, ce tableau mérite tous les éloges dont nous l'entourons. La couleur en est délicieusement vraie, la végétation forte et bien nourrie, les eaux d'une limpidité parfaite, les tons de la prairie finement dégradés. Le tronc d'arbre qui se trouve sur le plan gauche prouve surtout, dans M. Dagnan, une grande science de perspective. C'était, comme objet d'art, la partie capitale du tableau. Il s'agissait de faire saillir, en silhouette, sur un horizon gris, un tronc gris lui-même. S'il eût été noir comme d'autres l'eussent représenté, en pareil cas, la chose eût été facile, mais non, avec une demi-teinte, faire reculer un horizon vaporeux!

Somme toute, la forêt de Compiègne est une des œuvres remarquables du Salon.

522. — Site du Dauphiné.

Ce tableau prouve la variété du talent de M. Dagnan. C'est une autre heure du jour, un autre pays, un autre aspect; l'horizon s'élargit; c'est un torrent qui roule entre deux rives diverses d'aspect et de nature, l'une bordée de saules et de peupliers, et dominée par une colline brumeuse; l'autre, plane et couverte de mousse et d'herbe que paissent des bestiaux épars. Devant le moulin à eau, qui se trouve à droite du spectateur et qui sent un peu trop la composition, s'élève un arbre mort qui nous a paru d'un accent digne des grands maîtres. La fuite de la prairie est d'une grande vérité. La rive gauche tout entière du torrent est d'une légèreté de touche et d'une finesse de tons que peu de paysagistes ont atteintes. Quoique vue dans un lointain vaporeux, on en devine les moindres détails, et la barque amarrée qui se reflète dans l'eau avec le pêcheur qu'elle contient, et les chaumières blanches que l'on aperçoit de distance en distance, entre les rameaux. Les eaux du premier plan sont d'une limpidité parfaite. En résumé, on retrouve dans ce tableau la même harmonie, la même fraîcheur et le même éloignement dans les fonds que dans la forêt de Compiègne, seulement nous aurions voulu dans les herbes et dans les plantes du premier plan plus de vigueur et de variété. Nous eussions souhaité également que le moulin à eau n'y fût pas. C'est un lieu commun trop souvent exploité.

524. — Site de Vaucluse. Lever du soleil.

Ce tableau ne le cède en rien aux deux autres. Les fabriques sont d'un beau ton, et se détachent bien sur le fond vaporeux du paysage. On voudrait être au bord de ces eaux si calmes et si limpides, à l'ombre de ces arbres, si légers de ramure, et qui semblent frisonner au souffle du vent, tant l'air circule bien à travers leurs feuilles. L'arbre du plan droit, surtout, est exécuté avec une vigueur d'autant plus méritoire que, placé devant les fabriques dont les hautes murailles empêchent les premiers rayons du jour d'arriver jusqu'à lui, il se trouve presque tout entier confondu dans la demi-teinte. Les arbres de gauche sont un peu négligés quoiqu'ayant toujours un grand aspect de nature.

525.—L'escalier Sainte-Anne.

Voici une de ces œuvres que l'artiste seul sait apprécier, et auprès de laquelle le public passe, insouciant; et c'est pourtant un morceau dont l'exécution entraînait les plus grandes difficultés. Il fallait réunir à la fois le talent de la perspective linéaire au talent de coloriste. Le peintre devait se mettre aux prises avec ce que la nature offre de plus ardu : un effet de plein soleil sur un escalier de pierre et sur des rocs. On n'avait là aucune des ressources du clair obcur; une touche plus ou moins spirituelle, une couleur plus ou moins convenue ne pouvait sauver les détails en les dérobant au regard du critique. Là tout était à nu, rien n'était même d'un aspect séduisant. Sur le plan gauche, un vaste escalier de pierre s'élevant en spirale autour d'une montagne rocheuse; sur le plan droit, un chemin rocailleux; et dans le fond, de larges plaines coupées d'arbres et à demi couvertes d'une légère vapeur. Eh! bien! M. Dagnan nous paraît avoir habilement franchi ce pas. Son escalier est d'une vérité saisissante. La balustrade massive, qui lui sert de rampe, et qui, d'étage en étage, se brise en angles plus ou moins ouverts, trompe l'œil dans sa fuite progressive et irrégulière. L'ombre portée par cette balustrade ne pouvait être mieux rendue. On trouve pourtant que le bas de l'escalier est aussi clair de ton que le haut. Mais cette faute est largement compensée. Les rochers de gauche sont solides et bien assis; ils répercutent bien les rayons du soleil. Cette partie manque peut-être un peu de variété. Le chemin du plan droit est d'un énergique modelé. Les fonds et les ciels sont ce qu'ils sont toujours chez M. Dagnan, lumineux et savamment dégradés.

Nous reviendrons à cet artiste à propos de ses marines et de ses vues de villes.

M. VAN-OS.— 2332.— Intérieurs de la forêt de Compiègne.

Il paraît que M. Van-Os n'appartient à aucune coterie; car il a beaucoup de talent et l'on n'en parle guère.

Ses deux forêts de Compiègne sont deux ouvrages du premier ordre, et, si l'on peut reprocher à M. Van-Os d'avoir outré, dans l'une d'elles, les tons verts sur le plan droit du tableau, ce défaut est bien racheté par les beautés de la partie gauche. Le buisson est d'une illusion parfaite; la silhouette en est vive sans être crue;

les eaux de la source ont des reflets d'une variété profondément sentie. Les arbres tiennent bien au sol et les oiseaux peuvent passer au travers de leurs feuilles.

Dans la seconde forêt, le chêne tout entier qui s'élève sur la droite, et la prairie à gauche du spectateur, accusent un grand maître. Le tronc blanc et pourri qui s'élève sur la droite est peut-être mou; il y a peut-être dans les fonds, un trop grand abus des tons jaunes et souffrés; mais quelle vigueur dans les terrains et dans les pelouses! et surtout, oh! surtout quelle fraîcheur dans cette eau sourde et timide qui, sur le premier plan, se glisse à travers les herbes!

M. JOLIVARD n'a pas été, à ce Salon, aussi heureux que les précédentes années. M. Jolivard est un homme de talent; il ne manquera pas de prendre sa revanche au prochain Salon. Qu'il s'abstienne surtout du noir et de l'uniformité de touche que l'on retrouve dans tous ses ouvrages. — Cette touche est spirituelle; elle a du charme, de la vérité, mais elle est trop égale partout.

1312. LE SOLEIL COUCHÉ.
Ce tableau, qui d'ailleurs renferme de belles parties, a surtout cette uniformité de tons que nous lui reprochons. A cette heure, la forme des

objets est indécise et confuse, sans doute, mais tout ce qui se profile à l'horizon forme silhouette. C'est ce que n'a pas senti M. Jolivard. Les grands arbres du premier plan sont trop mous; les lignes n'en sont point assez arrêtées. Le feuillage en est tellement opaque qu'il ne laisse pas une faible trouée à la réverbération rougeâtre que le soleil laisse encore derrière lui, pendant quelques instans. Or, dans le tableau de M. Jolivard, l'horizon est trop empourpré pour qu'il y ait long-temps que le soleil soit disparu. Du reste, le reflet qui court horizontalement sur les eaux de la mare a de la vérité.

1318. — Vue d'une forêt.

Ce tableau qui forme le pendant de la forêt de Compiègne de M. Dagnan, est plus digne de M. Jolivard que le précédent. Malgré sa mauvaise manière de fouiller ses arbres en noir, il y a de la végétation et de l'étude. On remarque surtout, sur le plan droit, un quartier de roche couvert de mousse et de ronces: la touche en est pleine de finesse et de vérité.

1313. — Vue d'une vaste campagne aux environs de Paris.

Il y a de la lumière et de l'air dans ce tableau. Nous lui reprocherons cependant un peu de crudité dans les tons de la prairie, et de lourdeur dans les fonds, et, par-dessus tout, de la monotonie. Dans la nature, chaque arbre a son feuillage, chaque feuillage sa couleur, son allure ; de là naît cette variété harmonieuse qui fait le charme d'un paysage. M. Jolivard semble vouloir niveler les mille nuances de cette féconde palette, pour les fondre en un seul ton emprunté du plomb et du bitume. Malgré le talent dont il fait preuve, nous lui avouons, en consience, qu'à le voir persister dans cette route, nous craignons bien qu'il n'arrive à créer aussi une autre école de convention, moins fausse que la première, mais cependant aussi funeste dans ses résultats.

M. ALIGNY. — 18. — Vue prise dans la forêt de Fontainebleau.

Malgré l'étrangeté et l'imitation, parfois servile, des anciens paysagistes allemands, M. Aligny n'est pas totalement dénué de mérite. Il y a de l'air et du soleil dans ce tableau, et surtout sur le troisième plan un terrain assez vigoureux ; mais les premiers plans sont factices, et la végétation d'une crudité désespérante ; les lointains sont d'un bleu foncé qu'on ne voit jamais à l'horizon par un temps clair. Si, pourtant, l'on peut s'isoler de cette couleur, qui n'a ni finesse ni vérité, couleur qui semble être un parti pris pour M. Aligny, on trouve dans l'ensemble de ce paysage un aspect assez original qui s'éloigne entièrement de ce que nous avons en ce genre. La dégradation des tons et la perspective sont assez bien comprises dans les fonds.

Nous ne parlerons pas de la vue de Suisse, exposée sous le n° 19; M. Aligny nous en saura gré. Ce tableau est au-dessous de la critique.

M. JULES COIGNET n'a été qu'un homme de métier et de mode; il n'est plus de mode, mais il a conservé son métier. Ainsi, dans les différens tableaux qu'il a exposés cette année, nous retrouvons toujours ce qu'on voit accroché aux étalages des Moyon, des Giroux, des Chavan et des Binan. C'est de la marchandise; la nature n'y est pour rien. C'est toujours la même mollesse de touche, la même indécision de formes, la même absence de végétation; les arbres ont assez l'air de ces longues houppes dont les perruquiers se servaient autrefois pour poudrer nos pères. Et ce qui nous afflige le plus dans M. Coignet, c'est que, malgré ces défauts flagrans, il renferme une organisation d'artiste qu'il aurait pu appliquer avec succès à l'étude de la nature. Mais, non, ces messieurs font de la peinture en tilbury; le soleil leur fait mal, et les longues marches les fatiguent. Ce n'est point ainsi que faisaient les Claude Lorrain, les Ruysdaël, les Huysman, les Berghem.

M. DECAMPS. — 611. — Paysage turc.

Ce paysage est d'un aspect qui séduit par un charme de couleur indéfinissable. Les fonds de droite sont finement touchés, les fabriques vigoureuses de ton. Les massifs d'arbres du second plan sont peut-être un peu lourds et noirâtres, et se découpent trop à vif sur le ciel. Je n'aime pas la réflexion du mur blanc dans la mare; on dirait plutôt que c'est la continuation de ce mur. Les terrains sont ce qu'ils sont toujours chez M. Decamps, d'un relief et d'une chaleur admirables. Les figures sont d'une originalité locale qu'on ne saurait trop louer. Le pêcheur, debout sur l'escalier du fond, est aussi pittoresque de pose que de sentiment. Il y a de la paresse et du far-niente dans son allure; il pêche moins qu'il ne rêve; il rêve moins qu'il ne contemple. C'est tout-à-fait le type du caractère oriental. La femme et le jeune enfant qui s'avancent sur le premier plan sont d'une naïveté charmante, ainsi que les laveuses agenouillées au bord de l'eau. Les Turcs assis sous les arbres du second plan, et les cavaliers qui s'enfoncent dans le fourré du fond, complètent la scène en l'animant. Dans M. Decamps, pas un détail n'est inutile; c'est toujours lui, dans les premiers comme dans les derniers plans; toujours la même finesse de pinceau, toujours la même richesse de coloris;

toujours la même science locale. Nous lui reprocherons seulement ce que nous lui avons déjà reproché plus haut, l'absence totale de soleil et de modelé pour ses arbres; car la lumière qui rend son mur éblouissant doit aussi les éclairer.

M. CABAT. — 316. — Vue des bords de la Bouzanne.

Voici encore un jeune artiste qui achevera de tuer l'école de convention que nous devons aux pâles copistes de Michallon.

Point de lazzi, point de fatras dans le tableau que nous avons sous les yeux. Le cadre en est étroit, mais rien n'est inutile de ce qu'il renferme. On y voit peut-être trop le goût d'imiter les anciens maîtres, et de faire ressembler des œuvres d'un jour à des œuvres d'un autre siècle; la lumière y manque parfois; mais quelle harmonie entre les tons du ciel et ceux du sol! Quelle pelouse verte et moussue! Comme les eaux de la Bouzanne sont bien stagnantes et grenouilleuses! Quelle franchise, quelle simplicité dans les moindre détails! Comme le grand chêne du fond arrête bien les premiers plans!

On voit que M. Cabat n'a jamais étudié que la nature; il ne cherche qu'elle, et ne recule devant aucune de ses naïvetés. Aussi lui a-t-on reproché l'arbre incliné qui se trouve à la droite du spectateur. Ne pourrons-nous donc jamais nous défaire de cette manie qui nous porte à vouloir ennoblir ce que nous rencontrons? Je ne veux pas plus d'une mare verte et croupissante que d'un jardin coquet et fleuri; je veux le vrai. Or le vrai, c'est la combinaison de deux contrastes qui se font valoir l'un par l'autre. Le vrai, enfin, c'est la nature sans choix et sans art, telle qu'elle s'offre à nous.

Un défaut de M. Cabat, c'est de ne pas assez entr'ouvrir les feuilles de ses arbres; l'air n'y circule pas assez. De là vient que ses paysages manquent parfois d'animation et de mouvement.

317. — Le moulin de Dampierre.

On trouve dans ce tableau les mêmes défauts et les mêmes beautés que dans celui qui précède. C'est encore un effet de soleil couché. Toujours les mêmes souvenirs des anciens maîtres. Mais pas un paysagiste n'a rendu avec une vérité aussi énergique ces terrains rocailleux que l'on trouve sur les hauteurs, et que le vent et le soleil gercent et rongent chaque jour. Quelle naïveté, et pourtant quelle puissance dans les fabriques! Ce qu'on remarque surtout, chez M. Cabat, c'est l'harmonie parfaite qui existe entre les tons de ses ciels et de ses terrains. Ainsi, dans le moulin de Dampierre, il y a quelque temps que le soleil est couché; l'horizon est encore faiblement coloré; la nature se recueille, et le vent s'endort.

Il y a de la sérénité dans l'air ; les mille nuances de la végétation commencent à se confondre ; chaque fabrique, chaque figure humaine forme déjà silhouette à l'horizon. M. Cabat nous a familiarisés avec cet effet d'un crépuscule d'été. Rien n'est crû, rien n'est tranché dans sa manière, et cependant rien n'est monotone; seulement, et nous l'avons déjà dit, nous voudrions plus de variété dans le choix des effets de lumière, et plus de finesse dans quelques détails.

319. — Un cabaret a Monsouris.

Pourquoi donc la lumière manque-t-elle encore dans ce tableau ? Est-ce encore un effet de soleil couché ? J'aurais peine à le croire ; l'horizon n'est pas assez coloré et l'on distingue trop les objets. M. Cabat n'aime-t-il donc la nature qu'à une seule et même heure, que sous le même aspect ? Ne se prive-t-il pas ainsi d'une palette riche et variée ? Que deviennent alors les oppositions de la lumière et de l'ombre ? les filets d'or et de pourpre qui treillissent les feuilles et les pelouses ? Mais, si nous acceptons, tel qu'il est, le nouveau paysage de M. Cabat, nous y découvrirons de grandes beautés. La route caillouteuse, et couverte par place d'un gazon brulé par le soleil et usé par les piétons est d'une exacte vérité. Le cabaret que l'on voit à peine, tant il est caché sous l'herbe et les mille ceps de vigne qui le couvrent, fait reculer admirablement l'horizon lointain qui se perd sous les chaumes.

En général, dans ce paysage, comme dans les deux premiers, M. Cabat rappelle assez bien Paul Potter dans ses figures.

318. — Intérieur d'un bois (Indre).

Voici, enfin, un effet de plein soleil ; on le sent bien sur le sol, mais peut-être pas assez dans le ciel et surtout dans les arbres. Les terrains sont toujours d'une vigueur et d'un modelé au-dessus de tous les éloges, les arbres s'asseyent bien sur leurs racines, mais il n'y a pas assez d'air entre leurs branches. C'est encore, après tout, une œuvre remarquable et pleine d'avenir.

M. ROUSSEAU. — 2094. — Vue prise des côtes a Granville.

Le paysage de M. Rousseau est une œuvre à part qui n'appartient à aucune école. M. Delaberge, dont nous allons parler et M. Cabat, se sont, il faut le dire, inspirés des maîtres flamands. M. Rousseau a voulu être lui, sans passé, sans jalons plantés d'avance sur une route faite. A-t-il réussi? Ses premiers plans et ses seconds plans sont d'une vigueur et d'une hardiesse de touche rares ; on voit presque sur ses pelouses cette vapeur chaude que le soleil y soulève ; les fougères sèches qui s'étendent sur la gauche du tableau, sont d'une grande vérité ; la haie surtout trompe l'œil. En général, la manière de M. Rousseau est large et franche. Si ses fonds manquent d'éloignement et ses ciels d'air et de courbure, en revanche il y a du soleil dans son paysage. Pourtant, s'il est un conseil à donner à ce jeune artiste, avec la volonté puissante qu'il montre d'étudier la nature avec conscience, chose assez rare par le temps qui court, c'est de terminer davantage et de ne pas rendre avec le même faire, les terrains, les broussailles, les figures, les fabriques, le ciel et les eaux.

M. DE LABERGE. — 630. — Vue de basse Normandie.

M. de Laberge, à qui l'on rend le mauvais service de louanges exagérées, possède une organisation de coloriste qu'il prodigue à des imitations d'anciens maîtres au lieu de l'employer à l'étude de la nature. Son tableau manque essentiellement de soleil, et c'est un effet de plein jour. La fabrique, qui est d'un beau ton et d'un effet bien rendu, nous a paru trop lisse et trop égale de couleur et d'exécution. Les arbres se détachent trop durement sur le ciel, et les fonds manquent d'air et d'éloignement, les terrains sont de bois.

Un défaut capital à signaler dans le paysage de M. de Laberge, c'est qu'il se perd dans les détails au lieu d'attaquer les masses. Que m'importe à moi, qu'il y ait tant de tuiles sur un toit? que chaque tuile ait plus ou moins de veines? Que m'importe qu'un arbre ait tant de feuilles, si cet arbre affecte bien le caractère qui lui est propre? Que m'importe le nombre des brins d'herbes qui sont dans une prairie, si ce que j'ai devant les yeux vit d'ensemble et de nature.

Or, M. de Laberge a fait son paysage au microscope. Il n'est pas une écaille de moule qu'il ait négligée; on pourrait compter les brins d'herbes de sa prairie, on craindrait même d'y marcher et de se les enfoncer dans les pieds tant ils sont aigus et découpés.

M. de Laberge n'a guère mieux réussi dans ses figures que dans son paysage. Où a-t-il pris des membres aussi massifs et aussi courts? Ce n'est pas en Normandie, assurément. Le cheval du médecin est rendu avec assez de nature et de naïveté; quant à l'âne, nous n'en parlerons pas. Nous n'aimons pas son malade vu du dehors, au travers de la fenêtre; c'est une pauvre idée qu'il était impossible de rendre.

La fabrique est donc la seule partie vraiment remarquable de ce tableau. La fuite du plan latéral est d'une exécution parfaite. Il y a enfin, sur le côté gauche de la fabrique, un cep de vigne rendu avec une grande finesse de tons.

Somme toute, ce paysage est encore un des morceaux consciencieux du salon. Le peintre cherche la nature, mais il la décompose au lieu de la prendre en masse, et c'est ce qui le perd. La nature est elle, laissons-lui ses secrets ; n'en attaquons que l'ensemble et l'effet général.

M. de Laberge a tous les élémens d'un artiste distingué ; qu'il adoucisse le ton général de ses tableaux, qu'il en harmonise les nuances, qu'il termine moins, qu'il dégrade mieux ses plans, qu'il répande plus de soleil dans ses ciels, et nous aurons un maître de plus.

M. ANDRÉ. — 37. — Entrée de forêt (Côte-d'Or).

C'est une des bonnes forêts du Salon. Pourquoi faut-il que la couleur en soit généralement monotone et le tronc de ses arbres trop gros pour la masse des branches et des feuilles qu'il supporte ? Si, dans ce tableau, l'on sent bien le soleil sur les terrains, on ne le sent pas assez dans le ciel, et c'est une faute grave. Du reste, le sol est d'une bonne couleur et l'horizon fuit bien. Les premiers plans surtout sont d'une vigueur remarquable.

M. JADIN. — 1287. — Route sablonneuse.

M. Jadin, artiste de talent, du reste, cherche un peu trop Huysman et Decamps.

Ainsi, l'on reconnaît dans ce tableau les longues bandes de nuages dont M. Descamps aime à rayer ses ciels et ses horizons, et les massifs d'arbres découpés à vif et opaques du même peintre. Les terrains rappellent un peu ceux d'Huysman,

Cependant cette imitation est loin d'être servile. Cette route jaune et pelée qui se trouve sur le premier plan a été enlevée de verve; on y sent bien le soleil, et l'on sue pour ces pauvres cantonniers qui travaillent sous une atmosphère aussi brûlante. J'aime aussi les gazons rares et brûlés qui couvrent l'extrémité des talus de la route. L'horizon fuit bien sous le regard. Enfin, sauf quelques défauts signalés plus haut, ce paysage est plein de fougue et de chaleur.

1288. — AVENUE DE LA FORÊT DE RAMBOUILLET.

L'effet de ce paysage est aussi vrai que pittoresque, et si les arbres qui bordent la route étaient moins lourds et moins anguleux, si l'air ne manquait pas d'ailleurs, ce serait une œuvre très-remarquable. Les premiers plans sont riches et variés. Que j'aime ces pelouses vertes et fleuries qui s'étendent de droite et de gauche! et ces échappées de jour, qui, de distance en distance, sillonnent l'obscurité de la route! Le ciel est d'un beau ton; les nuages seuls sont un peu trop découpés. Les figures ne déparent pas le tableau; on remarque, sur la droite, un chien qui saute un fossé; si le dessin n'en est pas très-correct, le mouvement de son corps est plein de vérité.

M. GARBET. — 3044. VUE D'UN PARC.

Ce petit tableau, plein de grâce et de fraîcheur, où l'on remarque des effets de lumière et d'ombre bien accusés, et des groupes de figures disposés avec goût, fait regretter que l'auteur ne l'ait pas reproduit sur une toile plus large.

M. FLERS est un de nos bons paysagistes ; on trouve dans ses productions plus de grâce et de naïveté que de force et de chaleur.

919. — Moulin a eau sur la Marne.

Le soleil ne se sent pas beaucoup dans ce paysage, les arbres sont un peu cotonneux, mais, en retour, quel délicieux aspect de nature dans l'ensemble ! les eaux, surtout, sont d'une vérité incontestable pour qui a vu la Marne. Cette rivière, dans les plus beaux jours, conserve une teinte jaunâtre qu'elle ne quitte, parfois, qu'après un froid rigoureux et continu. — M. Flers ne le cède à personne pour l'entente des fonds ; la vapeur qu'il y répand semble ondoyer autour des joncs et des saules. Le moulin à eau sur la Marne, sans être un morceau capital, peut cependant prendre place parmi les œuvres de ceux qui ne se font étude que de la nature, et qui, chaque jour, régénèrent parmi nous le paysage abâtardi.

928. — Vue prise a Courtray.

M. Flers s'est surpassé dans la vue prise à Courtray. — Il a prouvé qu'on pouvait embellir un sujet pris dans la nature par une composition simple et pittoresque, et joindre le talent de paysagiste à celui de peintre de figures.—Ses laveuses et ses vaches, d'une exécution facile, n'ajoutent pas peu au charme de son tableau.—Les eaux de sa mare sont aussi limpides que celles d'une mare peuvent l'être. Les joncs et les roseaux sont traités avec une touche légère et fine, et les fonds bien en harmonie avec les premiers plans.— Les arbres sont un peu cotonneux; mais comme ce sont presque tous des saules, ce défaut choque moins. — Enfin il y a du soleil dans l'atmosphère et sur les terrains; il est peu sensible, à la vérité; mais comme le ciel est nuageux, la force des rayons doit s'en trouver affaiblie.

M. GIROUX. — 1075. — VUE PRISE AUX GROTTES DE LA CERVARA, CATACOMBES DE ROME, SUR L'ANCIENNE ROUTE DE TIVOLI.

Nous devons donner des encouragemens à M. Giroux; il s'efforce de quitter l'école de Michallon, et il y a déjà réussi en partie. Dans ce grand paysage, les premiers plans sont encore d'une crudité déplorable, la végétation presque nulle; mais on trouve au moins, sur le second plan, à gauche, un mouvement de terrain assez vrai, et, le long de la route, un courant d'eau légèrement touché. L'ombre portée de la grotte est d'un aspect de nature qu'on n'était réellement pas accoutumé à rencontrer chez M. Giroux. A coté de tout cela, vous avez une vaste plaine monotone qui, d'ailleurs, ne manque pas de soleil ; vous avez un ciel jaune et lourd qui n'a ni courbure ni profondeur, des horizons qui ressemblent à des nuages, et des nuages qui ressemblent à des horizons. Certes, nous ne prétendons voiler aucun de ces défauts qui tous sont graves ; mais, enfin, la critique perd de son âcreté lorsqu'elle voit, dans son élève, progrès et bonne volonté.

1076. — Chemin montueux conduisant de la Fontaine-au-Roi au chateau de Franconville, près Beaumont.

La nouvelle manière adoptée par M. Giroux se dessine encore plus nettement dans ce chemin montueux. Les premiers plans et les végétations sont crus et découpés comme à l'ordinaire. Le buisson du second plan est peint avec la même vigueur que les broussailles du premier. Les tons du chemin ne vont pas se dégradant jusqu'à l'horizon ; mais les terrains sont bien modelés et d'un beau ton ; on y sent le soleil courir en réseaux brûlans. Les fonds de gauche sont vaporeux et reculent sous le regard. Enfin, et nous le répétons, la lutte sera longue pour M. Giroux ; mais il arrivera sans doute à son but.

M. GUÉ. — 1150. — Le Puy-en-Velay, pris des hauteurs d'Espailly (*Auvergne*).

M. Gué n'a pas été aussi heureux dans sa vue d'Auvergne que dans ces jolis coins de nature auxquels il sait donner tant de relief et de vérité. Ce grand paysage manque totalement d'effet; les montagnes du fond, le ciel, les collines du second plan, tout se mêle, tout s'enchevêtre sans ordre et sans choix. Dans la nature, au contraire, rien n'est confus; chaque plan a son caractère particulier; tout est varié, et cependant, tout est un. M. Gué ne s'est pas pénétré de ce principe avant de commencer son œuvre; il a été séduit par le spectacle qu'il avait sous les yeux, et il l'a reproduit sur la toile sans le raisonner. Habitué qu'il était aux sujets de petite dimension, il a isolé, en quelque sorte, de l'ensemble chaque partie de son tableau et n'a pas su combiner le tout. Aussi, voyez-vous que tout y est rond, émoussé, sans force et sans couleur, contrairement à tout ce qu'a produit et produit encore M. Gué; d'où l'on concluerait peut-être qu'il ne faut jamais sortir de sa spécialité.

M. GUINDRAND. — 1203. — Vue prise dans le Dauphiné.

L'aspect général de ce tableau rappelle un peu trop Michallon. M. Guindrand a, par lui-même, trop de fond pour avoir besoin de celui des autres. S'il veut pourtant un point de départ, qu'il s'adresse au grand maître, au maître qui a formé les Albert Durer, les Claude Lorrain, les Ruysdaël et tant d'autres! Qu'il s'adresse à la nature! ses inspirations sont les seules vraies et les seules désintéressées. Il a fait preuve de talent dans la vue du Dauphiné. La fabrique est assez vigoureuse de ton, et le paysage ne manque pas de soleil; eh! bien, qu'il se fasse libre de toute école et qu'il marche en avant. Son pays est riche à exploiter, qu'il l'exploite, ardemment, consciencieusement, avec la ferme résolution d'en faire jaillir de la gloire pour lui et pour ses concitoyens! Que Michallonne soit pour lui qu'un souvenir et non une borne placée à l'horizon! et il verra quel brillant avenir s'ouvrira devant lui.

M. ULRICH. — 2300. — Site pris en Angleterre.
De plusieurs paysages exposés, cette année, par M. Ulrich, nous ne citerons que celui-ci, parce que, seul, il offre quelques bonnes parties. C'est une vaste lande, au milieu de laquelle s'élèvent quelques vieux chênes rabougris et brûlés par le soleil; à leurs pieds, s'étend une mare où s'abreuvent quelques bestiaux. Il y a de l'air et de la lumière dans ce paysage, quelques touches chaudes et vigoureuses dans les terrains et dans les troncs d'arbres; de l'éloignement et de la vapeur dans les fonds, de la transparence dans les eaux et quelque chose de lourd et d'étouffant dans l'atmosphère. On voudrait seulement moins de monotonie dans l'aspect du tableau. Les landes, les troncs d'arbres, les feuilles et les fonds sont

à peu près de la même couleur. Je veux bien que l'été ait passé par là dessus, encore est-il qu'il n'a pu confondre leurs mille nuances en une seule, puisqu'en modifiant l'une, il modifiait l'autre en même temps.

M. RÉMOND. — 1981. — Vue du village et du pont de Crévola, sur la route du Simplon a Domodossola.

M. Rémond qui semble avoir voulu, dans ce tableau, s'occuper un peu plus de la nature que de coutume, a cependant conservé l'aspect des tableaux de Michallon. Nous avons remarqué de l'étude dans la partie gauche des fabriques et des rochers. Les fonds nous ont paru assez bien modelés, mais trop près de l'œil. Ce qui nuit beaucoup à cet ouvrage, c'est le défaut de transparence dans les eaux, et le manque d'air dans le ciel et dans les fonds.

M. HUET. — 1267. — Vue générale de Rouen, prise du Mont-aux-Malades.

Les premiers plans sont dépourvus d'étude. Les végétations y sont crues, les terrains de bois, les figures ridicules. Mais, sur les seconds plans, à gauche du tableau, nous avons remarqué une portion de terrain de la plus grande vérité. Les fabriques et les clochers de Rouen sont secs, noirs et lourds. Du reste, le ciel ne manque ni de mouvement ni de profondeur; les horizons seuls pèchent par la perspective aérienne.

C'est, en général, ce qu'on peut dire de tous les paysages de M. Huet. Ils ont du relief et de la variété, mais aux dépens de la nature. Les végétations n'y sont pas étudiées, les terrains sont faux et de convention.

M. WATELET. — 2431. — Grand paysage d'après des études faites en Savoie.

Je ne sais comment fait M. Watelet, ses terrains, ses végétations, ses fabriques ont l'air d'être couverts d'une couche épaisse de glu liquide; ses eaux sont savonneuses et plutôt luisantes que transparentes. Dans ses tableaux, et surtout dans celui que nous examinons, tout se trouve sur le premier plan; il n'y a pas la moindre dégradation dans les tons; la perspective aérienne est manquée totalement. Point de soleil, point d'air, point de variété; les terrains et les fabriques sont de la même couleur; de telle sorte, qu'il semble d'abord que les fabriques soient de terre et les terrains de bois poreux. Le courage nous manque pour aller plus loin.

MARINES.

M. DAGNAN. De tous ceux qui ont exposé des marines, cette année, M. Dagnan nous semble le seul qui ait exploité ce genre avec la conscience et l'étude qu'il exige. M. Dagnan compose peu ou point, persuadé que la nature est assez belle et assez variée par elle-même, sans que, par des accessoires étrangers, on aille détourner de ses riches productions les yeux du spectateur. De là vient qu'il n'est souvent pas goûté par ceux qui ne voient, dans un paysage, que le cadre plus ou moins ingénieux d'une scène vivante et animée. Sans blâmer cette préférence en elle-même, parce que, après tout, elle n'est ni plus injuste ni moins raisonnée que toute autre, nous dirons à ceux qui ne sont point esclaves d'un penchant exclusif, quel qu'il soit, lorsque, fatigués de la vie et de la société, vous vous arrachez en esprit de leur sein, et que vous vous réfugiez dans celui de la nature et de la solitude ; lorsque, soir et matin, vous allez sur la colline voir le soleil naître ou mourir, aimez-vous que votre retraite soit tumultueuse ou tranquille, que la plaine qui s'étend à vos pieds soit libre et silencieuse ou retentisse des bruits d'une fête?—N'êtes-vous pas mieux seul, plongé tout entier dans la contemplation de la nature, que d'être à chaque instant, distrait par la vue de votre semblable, triste ou joyeux, et rappelé de la sorte à la réalité? — Voilà l'idée-mère de toutes les œuvres de M. Dagnan ; ce sont des fleurs que l'on a cueillies dans un bois avant de rentrer à la ville, pour conserver du moins, au milieu des soucis de chaque jour, un souvenir de la campagne. Que l'on ne croie pas cependant que je récuse les paysages et les marines à sujet, loin de là ; je dis seulement que je n'apprécie pas moins M. Dagnan de n'avoir mis aucune composition dans ses marines, que s'il eût fait le contraire. Je prends les œuvres telles que chaque artiste les a reçues de son organisation morale, et je les juge.

527. — Vue des bords de la Méditerranée, près Marseille.

Avec la forêt de Compiègne, cette marine est ce que M. Dagnan a produit de plus remarquable. Les eaux sont étudiées avec une confiance et une légèreté de touche qu'on ne saurait trop louer. Nous en dirons autant de leurs mille ondulations, de leur fraîcheur, de leur transparence et des étincelles qui jaillissent de la crête de chaque vague. On est à l'aise dans ce tableau ; la perspective aérienne y est inattaquable, l'horizon fuit bien sous le regard, et les rochers du fond sont habilement dégradés. Le soleil ne fait que se lever, on le sent à la brume légère qui ondoie encore sur les flots, et à la manière dont le ciel et les terrains sont éclairés. Cette large échappée de lumière, qui vient de la gauche du tableau et qui frappe obliquement tous les objets qu'elle rencontre, est rendue avec un accent de vérité digne des grands maîtres.

Les détails ont été abordés avec autant de bonheur que l'ensemble. Les premiers plans sont vigoureux sans être crus ; nous signalerons surtout ce quartier de roche jeté en forme d'arche d'une partie de la rive à l'autre ; il a été peint de verve et d'un jet. Que j'aime aussi cette frêle barque dont le dessin et la couleur sont combinés avec tant d'art qu'elle semble balancée par le roulis de la mer. L'illusion est complète.

Nous aurions voulu, pour satisfaire cette partie du public qui craint de se compromettre en admirant quoi que ce soit sans restriction, trouver quelques parties faibles dans M. Dagnan, pour les noter d'un doigt réprobateur ; mais nous n'avons pu découvrir l'endroit vulnérable de cet autre Achille.

523. — Vue de la rade de Marseille, prise des hauteurs d'Arène.

Ce petit tableau est peut-être d'un aspect encore plus séduisant que le premier. Hors les arbres du premier plan, qui, sinon dans la couleur, du moins dans l'exécution, ne sont pas d'un modelé assez distinct ni assez précis, les seconds plans, les fabriques, les eaux et les ciels peuvent lutter avec avantage contre la vue des bords de la Méditerranée. Je n'ai pas vu que M. Dagnan ait surpassé la finesse de ton, la vigueur de coloris, l'exactitude de perspective aérienne, enfin l'harmonie générale dont il a fait preuve ici. Ce qu'il y a de vraiment remarquable dans cet ouvrage, c'est la manière dont le peintre a su faire concorder, sans rudesse et sans convention, l'azur des flots avec le vert des arbres et le cobalt du ciel : c'est la fuite sphérique de la mer vers l'horizon ; c'est encore la transparence qui règne dans les eaux : transparence d'autant plus difficile à saisir que les eaux sont lointaines et bleues. Que j'aime aussi ces voiles blanches et triangulaires qui là-bas se gonflent sous le vent, et les fabriques du fond que la vapeur enveloppe à demi, sans répandre aucune confusion dans leurs lignes franches et pittoresques !

M. Dagnan a fait en outre deux vues de Paris et des dessins à la plume que nous examinerons en leur lieu.

M. GARNERAY. — 1006. — Pêche de la morue.
Parmi les nombreuses marines de M. Garneray, nous ne citerons que celle-ci, parce que seule elle peut servir à la réputation de son auteur. Les eaux y sont mieux étudiées que de coutume, quoiqu'encore un peu trop grasses. Nous n'en dirons pas autant de son ciel, qui est lourd et sans profondeur. Quant au sloop, son mouvement est bien compris, il marche. Il n'y a peut-être pas assez

d'air entre les matelots, et l'on ne comprend pas que la voile d'avant soit si lâche par un vent de grain si impétueux. Le second sloop que l'on aperçoit dans le fond est d'une bonne composition; sa voile d'avant seule pèche par le même défaut que la voile du premier.

M. ISABEY. — Il est triste, et pour l'art en lui-même, et pour les hommes, de voir un talent, plein de verve et d'avenir, décheoir et pâlir comme s'il devait tomber avant l'heure, surtout quand sa chute est plutôt volontaire et spontanée que dans l'ordre des choses. Certes, ce sont là matières à graves enseignemens, et plus d'un peintre de marine et de paysage devrait y penser à deux fois avant de quitter la nature pour se reléguer, avec ses seuls souvenirs, au fond de quelque atelier. Que M. Isabey prenne garde; encore un succès comme celui de cette année, et il sera digne en tout point du trône académique, comme dit Gilbert. On retrouve cependant quelques restes de lui-même dans sa marine par un gros temps (1281). La fabrique du premier plan, à gauche, est d'une vigueur au-dessus de tous les éloges : on y sent bien le soleil, et la touche en est ferme et précise; la barque marche bien; mais, quoi? est-ce là tout? Dans une si grande page, et dans une page de M. Isabey, ne remarquerons-nous qu'un pan de mur et une barque?

Je ne trouve ni transparence dans les eaux, ni variété dans le ton des fabriques, ni élasticité ni vérité dans les nuages, ni profondeur dans les horizons. Franchement, et sans prévention, qu'on me dise si ces eaux-là n'ont pas plutôt l'air de chocolat fouetté ou de terrain fangeux que de ce qu'elles doivent être? Vainement m'objectera-t-on que les côtes sont proches, et que la mer, en venant s'y heurter, en emporte toujours quelques débris; je répondrai que la place est faite depuis long-temps, que les parties molles et vaseuses s'en sont allées, et que les roches seules et le galet sont restés. Et, d'ailleurs, en admettant les suppositions les plus favorables à M. Isabey, on ne me prouvera jamais, je pense, que, dans les eaux les plus stagnantes et les plus fétides, l'écume soit noire ou verte et non pas blanche. Or, de ces lois banales, et à la portée de tout le monde, qu'a respecté M. Isabey? Rien, pas même sa mémoire; car il a vu, et il a prouvé qu'il avait retenu. Il n'a suivi que son caprice. Il s'est dit : « Voyons, par le temps qui court, il faut inventer pour réussir; si j'inventais une autre nature? on est lassé de l'autre; voilà des milliers de siècles qu'elle est la même, du moins on ne pourra pas m'accuser de n'être qu'un imitateur; faisons le petit Dieu, créons. » Et M. Isabey a créé.

Non, M. Isabey, nous ne sommes pas las de la nature; elle est trop vaste, elle est trop féconde, elle est trop variée, pour que nous la connaissions sous toutes ses faces; notre vie est trop courte, et nos maux trop cuisans, pour que l'aspect de la terre en fleurs ou de l'Océan tempêtueux ne trouve dans notre ame des frissons de joie ou de terreur. Enfin, M. Isabey, si le dégoût nous prenait du séjour que Dieu nous a donné, ce ne serait pas, assurément, le produit de vos pinceaux qui nous le remplacerait.

1282. — Plage a marée basse.

Il suffit de jeter un coup d'œil sur ce tableau et de passer.

1280. — Tableaux.

Ces deux petits tableaux sont moins maniérés que les deux autres. On y retrouve bien, dans les fabriques, les mêmes tons rougeâtres que M. Isabey aime à répandre sur l'ensemble de ses productions, mais, enfin, et dans l'un des deux surtout, les eaux ont de la transparence, les ciels de la vérité, et les fonds de l'éloignement.

M. POITEVIN. — Nous n'eussions rien dit de M. Poitevin s'il n'eût, au détriment peut-être d'un pauvre artiste de talent, envahi les galeries du Salon avec deux énormes tableaux, outre quelques menus frétins disséminés de côté et d'autre. Une chose à remarquer d'abord dans ces tableaux, c'est que les cadres en sont d'une richesse et d'une élégance rares. Quant à la peinture, triste et froide copie des défauts les plus saillans de M. Isabey; dérision de tout art et de toute conscience; véritable beurée sur laquelle on aurait planté des figures de cire pour amuser un enfant; carton peint, macédoine d'étoupes, de liége et de marne, saupoudré de laque : voilà le seul jugement, sévère mais juste, qu'on en puisse porter. A côté de tout cela, il y a de la touche, de l'arrangement, de l'adresse et de la facilité; ce sont des torts de plus pour M. Poitevin.

M. MOZIN. — 1777. — Vue du bastion Sainte-Catherine, a Bruxelles.

On a dit de M. Mozin que, si les Anglais gravaient ses vues de ville et ses marines, elle seraient beaucoup mieux appréciées. Nous le croyons aussi. Les compositions de M. Mozin sont pleines d'esprit et de sentiment, surtout dans les détails; Malheureusement il n'y a pas assez d'air entre ses figures et ses fabriques; tout semble être sur le premier plan; son architecture est bien conforme aux lois de la perspective linéaire, mais nullement aux lois de la perspective aérienne. Cela vient surtout de ce que ses premiers plans ne sont pas assez relevés en vigueur. Ce sont de véritables visions qu'un souffle ferait évanouir. M. Mozin ne couvre pas assez sa toile, on en voit trop les hachures; et comme on ne peut goûter ses ouvrages que de près, puisqu'ils ne brillent que par les détails, tout effet d'ensemble est manqué. Dans sa vue du bastion Sainte-Catherine, les eaux ont assez de transparence, mais pas assez de vérité; ses vaisseaux sont généralement bien peints, mais les tons n'en sont pas assez chauds; les fabriques n'ont pas la moindre solidité. Cependant cette marine est une des bonnes du Salon.

M. ULRICH. (2298). C'est le seul effet de lune, parmi ceux qui ont été exposés cette année, dans lequel on trouve de l'étude et de la vérité. Le rayonnement des torches ressemble, sans doute, à un brouillard rougeâtre plutôt qu'à toute autre chose; mais il faut savoir gré à M. Ulrich d'avoir cherché la nature dans un temps où on la cherche si peu. L'écume blanche qui jaillit sur les flancs du brick échoué est rendue avec une confiance et un bonheur dignes d'éloges; on y sent bien le reflet de la lune, ainsi que dans les vagues qui viennent mourir sur le rivage.

VUES DE VILLE.

C'est dans les vues de ville surtout que l'exactitude des lignes et la vérité des tons sont indispensables, puisque c'est le paysage - portrait. Aussi voyons-nous rarement la peinture de convention se hasarder dans cette route scabreuse. Le clinquant et la facilité ne peuvent suppléer ici ni à l'étude ni à la science. Il faut s'imprégner, en quelque sorte, de l'air qu'on respire dans la ville que l'on veut exploiter; il faut s'identifier à ses mœurs, toucher du doigt chaque pierre de ses fabriques, épier les divers accidens que font naître, dans son sein, le lever et le coucher du soleil; il faut explorer d'un regard infatigable les modifications successives que la marche des saisons fait subir aux terrains, aux dalles et aux végétations de cette ville; il faut enfin savoir tous les reflets qui, des toits d'ardoises ou de tuiles, rejaillissent dans l'atmosphère et lui donnent une couleur spéciale.

Vous voyez que l'imagination et ses barriolages ont peu de place ici, et que les peintres de conscience seuls s'y établissent en maîtres. Arrivons maintenant aux preuves, et jugeons les œuvres.

M. DAGNAN. — 520. — Vue de Paris, prise du port aux Blés; effet du matin.

M. Dagnan nous semble avoir réuni, dans ce tableau, les diverses qualités que nous exigeons dans un peintre de vue de ville. La perspective linéaire y est inattaquable, et la perspective aérienne non moins exacte. Le groupe du second plan, à gauche, composé de Notre-Dame, des débris de l'Archevêché et du jardin qui l'entourait, est d'un caractère tout-à-fait local, et d'une grande légèreté de touche. Les rayons horizontaux du soleil levant qui viennent caresser la cime des arbres, et y faire, d'espace en espace, de larges trouées lumineuses, sont d'une chaleur et d'une énergie remarquables. Les quais du fond, encore à demi couverts des vapeurs de la nuit, commencent à profiler, sur le ciel, la mosaïque pittoresque et variée de leurs mille fabriques. Les tons en sont finement dégradés, et c'est là surtout le mérite capital du tableau. Il s'agissait de combiner dans un même cadre trois plans séparés l'un de l'autre par le cours d'une rivière et disposés cependant sur des lignes parallèles au spectateur. On devait bien sentir, au point où les eaux du second plan disparaissent derrière les fabriques du premier, que là s'ouvre une embouchure assez grande pour recevoir la masse d'eau qui s'y engorge. Il fallait de l'air entre tout cela. M. Dagnan n'a pas été au-dessous de la tâche qu'il s'était imposée. Si l'ensemble de son ouvrage est d'une belle exécution, les détails n'en sont pas abordés avec moins de conscience et d'étude. La plage du premier plan est d'un modelé ferme et vigoureux, les eaux sont d'une fraîcheur et d'une limpidité à donner envie de s'y plonger. Les fabriques seules du second plan à droite n'offrent peut-être pas la variété de tons qu'elles ont réellement dans cette partie de la capitale; mais ce n'est qu'une tache légère que le reste fait bien vite oublier.

521. Autre Vue de Paris, prise du quai de Gèvres ; effet du soir.

Quoique je préfère le tableau précédent, je ne retrouve pas moins dans celui-ci la touche et le coloris du maître. Les fabriques du second plan sont pleines d'un accent de nature à faire illusion. Je ne parlerai ni des eaux, ni des ciels, ni de la perpective, ni du soleil, il est inutile de répéter que c'est par là surtout que brille M. Dagnan.

M. GUIAUD. — 1192. — Vue de Venise, prise du quai des Esclavons.

La Vue de Venise de M. Guiaud est, avec celle de M. Justin Ouvrié, dont nous parlerons bientôt, la meilleure du Salon. Les fabriques y sont d'un modelé et d'une solidité qui, parfois, rappellent Canaletti. On sent bien le soleil rebondir sur les dalles du quai et rougir l'atmosphère. Les ombres portées des figures sont exactes et bien senties. Les fonds sont vaporeux et habilement dégradés. Le ciel a de la courbure et de la profondeur. Les eaux seules manquent de transparence et de mobilité, et les gondoles semblent plutôt attachées à la surface des canaux que balancées par le roulis des vagues ou poussées en avant par la longue rame de leur gondolier.

M. JUSTIN OUVRIÉ. — 1355. — Le grand canal à Venise.

Les plans de ce tableau sont bien disposés, les fabriques bien assises, mais pas assez vigoureuses de ton. Les dômes du fond, quoique bien en perspective, ne sont pas aussi heureusement rendus. Les belvédères qui en forment la cime n'ont pas le moindre équilibre et menacent. Le massif d'arbres du premier plan à droite manque de couleur et de modelé. Mais en revanche, les eaux sont d'une grande transparence; on y sent le vent courir et en rider la surface; les gondoles sont légères et marchent bien. Les rayons du soleil sont vivement accusés et répandent de la vie et du mouvement dans tout le tableau. Il est pourtant un reproche et un reproche grave à faire à M. Justin Ouvrié, c'est qu'il s'inspire trop des œuvres de Canaletti et de Boninghton. Il débute d'une manière assez brillante pour ne pas préférer l'étude de la nature aux souvenirs de tel ou tel maître, quel qu'en soit le mérite.

M. RAFFORT. — 1956. — Vue de Chalons, prise du côté de Lyon.

Il y a de l'air et de la lumière dans ce tableau. Les eaux ne manquent ni de transparence ni de mobilité, mais la partie gauche des fabriques est peinte d'une manière trop sèche et trop découpée. La touche de M. Raffort est généralement un peu timide pour la largeur de ses productions ; il ne procède pas à grands traits, comme il devrait le faire, et comme il le fera sans doute, autant qu'on en peut juger par la direction qu'il a choisie ; ses bateaux sont également trop maigres et d'un modelé trop indécis. Cependant, malgré ces imperfections, ce tableau nous a paru dans l'étude du vrai, et, d'avance, nous pouvons promettre à M. Raffort un progrès signalé pour le prochain Salon.

M. THIERRY. — 2257. — Vue du pont Saint-Michel a Paris, 1780.

Le défaut général de ce tableau, c'est que la couleur en est un peu monotone et les seconds plans trop en contact avec les premiers. On ne sent pas assez la fuite des fabriques latérales ; les eaux du premier plan sont aussi trop lourdes et trop vaseuses. Mais à côté de ces quelques taches nous trouvons des parties peintes avec goût et avec étude. Le ciel est d'une bonne couleur et d'une grande transparence ; on y sent bien le soleil ; les deux tours de Notre-Dame et le clocheton qui s'élevait jadis au point d'intersection de la nef sont bien à leur plan et dans leur assiette. La maison de droite, en retraite sur le spectateur, est d'une exécution riche et pittoresque dans les détails comme dans l'ensemble, depuis les fenêtres, aux vitres jaunâtres et poudreuses, jusqu'à la boutique de verroterie, dernier souvenir maintenant effacé de ces temps ou chaque marchand faisait de son comptoir un véritable cabinet d'antiquaire. La rue sombre qui s'enfonce derrière cette maison ne se comprend pas. M. Thierry ne connaît pas encore assez la science des demi-teintes et du clair-obscur; car, il lui eût été facile de jeter sur les mansardes qui bordent la rue un rayon de soleil dont le reflet eût été frapper les parties saillantes des étages inférieurs. L'escalier qui monte sur le quai est vrai de dessin et de coloris. Que j'aime surtout, pour la pose et pour le caractère, le batelier insouciant qui le gravit en balançant son corps d'une épaule à l'autre (allure ordinaire du peuple)! que j'aime enfin les barques sveltes et légères amarrées sur le premier plan à gauche! Comme la touche en est fine et précise et en fait ressortir, sans coquetterie, les moindres détails!

M. Thierry a encore exposé deux autres tableaux sous les n°s 2255 et 2256, l'un représentant une vue de Nantes et l'autre une vue composée. On n'y trouve pas cette monotonie que nous avons reprochée à la vue de Paris; mais aussi les détails y sont abordés avec moins de confiance et de fermeté. Les fabriques sont un peu lavées et les fonds trop vaporeux. Il y a cependant, dans la vue composée, un quartier de maison, à gauche, éclairé par le soleil, dans lequel nous nous plaisons à reconnaître un pinceau parfois large et chaleureux.

M. Thierry débute au Salon. De là vient que ses productions manquent d'effet. L'atelier trompe plus souvent qu'on ne pense. Du reste, nous souhaitons pour M. Thierry qu'il tombe plutôt dans ce défaut que dans le contraire ; car il sera toujours plus près de la nature qu'en abusant de sa palette et en la prodiguant à des mosaïques plus ou moins spirituelles, mais toutes de convention.

INTÉRIEURS.

M. GRANET. —1132. — LES PÈRES DE LA RÉDEMPTION RACHETANT DES ESCLAVES A TUNIS.

Il faut le dire, puisque la chose est avérée, nous n'avons qu'un homme pour les intérieurs, et cet homme est M. Granet. Il est tellement hors de ligne, que nous n'entreprendrons pas de le comparer à ses rivaux (en genre, non pas en talent) pour démontrer ce que nous venons d'avancer. Ce qu'il y a de remarquable chez M. Granet, c'est l'abnégation complète de peintre. Il ne se regarde que comme l'interprète intelligent mais fidèle de la nature ; c'est un dépôt sacré qu'il rend tel qu'on le lui a confié, sans en rien distraire à son profit. Il n'est pas de ceux qui ne voient dans la nature qu'un mannequin à recouvrir d'habits plus ou moins précieux. La nature est son seul maître et guide son pinceau; il se laisse aller à l'impulsion qui lui est donnée, sachant fort bien qu'on ne peut le mener à mal. Aussi la peinture est-elle chez lui une révélation plutôt qu'une science : c'est moins le travail qu'une intuition innée qui le conduit au but vers lequel il marche. L'examen du grand tableau que nous avons sous les yeux va expliquer ma pensée d'une manière précise et irrécusable.

Voyez jusqu'à quel point M. Granet a poussé l'art des demi-teintes et du clair obscur. Au premier aspect, vous le trouvez rude et tranché; les transitions, chez lui, ne sont point graduées avec finesse et coquetterie, elle sont franches et brusques sans être crues. Les contours de ses figures ne sont point caressés par un rayon de lumière habilement disposé pour en faire ressortir toutes les parties saillantes. M. Granet s'inquiète peu des détails; sans les négliger, il n'en fait pas un objet d'étude exclusive; il ne sait pas profiler des silhouettes blanches sur des fonds noirs pour jeter de l'effet sur ses productions; il ne sait pas éclairer ses figures de telle sorte qu'elles prennent un caractère sombre et fantastique; tout est à sa place, sans recherche, sans intention élaborée longuement et avec fatigue. Ce n'est pas seulement comme peintre d'intérieurs, que nous jugeons

M. Granet, c'est aussi comme peintre historique. Ses personnages sont groupés et posés avec une simplicité et une vérité admirables. Ils sont tous en scène sans fatras et sans confusion, on sent bien qu'ils sont nécessaires là, mais on ne voit pas que le maître eut été gêné de leur absence. Fors quelques exceptions, par exemple, le prisonnier qui s'est jeté aux genoux de ses libérateurs, et dont l'attitude est réellement trop théâtrale, les figures s'harmonisent parfaitement avec le reste du tableau ?

Un seul reproche à faire à M. Granet c'est que les vêtemens de ses personnages sont d'une couleur trop riche et trop brillante pour un effet d'intérieur, surtout quand la lumière vient d'en haut. Quant à l'effet d'intérieur en lui-même il est au-dessus de l'analyse, il faut aller le voir, s'isoler du cadre, entrer, en quelque sorte, dans cette prison souterraine qui s'allonge devant vous avec ses vives oppositions de lumière et d'ombre, s'y faire place au milieu des assistans et prendre un rôle dans la scène qui les met tous en relief, chacun à son plan; l'illusion est complète vous dis-je. M. Granet a exposé plusieurs autres intérieurs dont nous ne parlerons pas. Il est inutile de le répéter, au point où en est parvenu M. Granet, on ne peut guère lui assigner d'avance l'heure et le but auxquels il s'arrêtera. Espérons que ce sera le plus tard et le plus loin possible.

M. LE COMTE DE FORBIN. — 942. — Intérieur d'un Bazar souterrain au Caire, ou se vendent des esclaves et des momies.

M. le comte de Forbin a du talent, mais il cherche trop l'effet, et ne le trouve pas toujours. Il semble aimer de préférence les compositions gigantesques, et malheureusement il ne les exécute pas avec la noblesse et la simplicité qu'elles exigent; il y met trop de coquetterie et de clinquant; les transitions de la lumière et de l'ombre sont combinées avec trop d'art et de travail; il a en trop ce que M. Granet a parfois en moins, et en moins ce que M. Bouton a toujours en trop. Ses figures se ressentent également de cette tendance au théâtral. Le Mamelouck, debout au haut de l'escalier, est maniéré dans sa pose et dans les plis de ses vêtemens ; il est placé là pour se découper à vif sur la lumière, et se grandir encore de cette opposition. Il est là, comme un mauvais génie, pour dominer la scène de sang qui se déroule à ses pieds, et former contraste avec le religieux qui prie sur le cadavre de la jeune Grecque. Si M. de Forbin exécutait largement les sujets qu'il s'impose, nous ne le blâmerions pas ; mais la ficelle se voit trop; ses personnages ne sont pas grands, ils sont guindés; son escalier monumental est traité avec mesquinerie. Le pinceau de M. de Forbin me charme, il ne m'impose pas. J'admire avec lui les ingénieux reflets qu'il a su ménager dans les parties sombres ; mais mon admiration est savante et raisonnée ; elle n'est pas naïve et stupéfaite. M. de Forbin parle à mon esprit, M. Granet à mon ame. L'un est un talent de mode et ne s'adresse qu'à sa nation, l'autre est un talent durable et cosmopolite.

M. RENOUX. — 1994. — Intérieur d'église. Souvenir de Normandie.

Nous avons remarqué la chapelle du fond, éclairée par des cierges dont la lueur contraste avec le jour qui pénètre dans l'église par une ouverture pratiquée à la voûte du second plan. On respire dans cette chapelle un parfum de poésie et de piété qu'on ne saurait décrire ; l'effet d'intérieur est d'une délicieuse vérité. Les figures du premier plan ne sont pas d'une aussi bonne exécution ; elles se découpent trop crument sur la lumière, et ont plutôt l'air d'être éclairées d'en bas que d'en haut.

Les autres intérieurs de M. Renoux, quoique remarquables de couleur et d'effet, n'ajoutent rien au nom de leur auteur, nous n'en parlerons donc pas davantage.

M. BOUHOT. — 234. — Vue intérieure du porche de l'église Saint-Germain-l'Auxerrois.

Il y a beaucoup de rapports entre la manière de M. Bouhot et celle de M. Perrot. On retrouve chez tous les deux le même fini, la même exactitude de détails, le même défaut de perspective aérienne (mais beaucoup moins choquant chez M. Bouhot). Du reste, ce tableau, il faut le dire, n'est pas sans mérite : la muraille de droite est traitée avec conscience et fuit bien. Les rayons du soleil qui pénètrent sous la voûte par les ogives du porche sont d'une grande vérité : enfin les maisons de la rue Chilpéric que l'on aperçoit à travers la fenêtre du fond prouvent que le défaut de perspective aérienne, chez M. Bouhot, n'est qu'accidentel, et qu'il le fait oublier par la finesse de son coloris. Ces maisons sont bien à leur plan ; il y a de l'air entre elles et la vieille basilique.

Mais, nous le répétons autant pour MM. Perrot et Bouhot que pour M. de Laberge et autres qui voudraient suivre la même route : cela est trop lisse, trop lavé, trop poli ; cela n'est pas grenu, cela n'est pas noir et sale comme toute chose sur laquelle le temps a passé. Ne vous servez ni du microscope ni de la chambre noire, n'étudiez que la nature.

M. DAUZATS. — 560. — Vue de la cathédrale de Sainte-Cécile-d'Alby.

M. Dauzats, voulant suppléer aux reflets que le soleil répand sur tous les objets, a empâté les dalles et les poutres de son église d'un vernis aqueux qui, de loin, fait croire qu'elles sont ruisselantes d'eau. A part ce défaut, qui deviendrait grave si M. Dauzats persistait à y tomber, cet intérieur est un des plus remarquables du salon pour l'entente des demi-teintes et la distribution de la lumière. Il me semble pourtant que la fuite des parois latérales n'est pas assez sentie et que les piliers et les arêtes des ogives ne sont pas assez vigoureuses de ton.

M. BARBIER.— 84.— Intérieur d'un réfectoire de couvent.

M. Barbier quoique inférieur à M. Dauzats, possède mieux que lui la science des reflets; sans imiter la manière de M. Granet, il est sur la route que ce grand maître a prise. Puisse-t-il y persister et arriver au même but! Nous lui conseillons pourtant de ne pas négliger les figures, et de se rappeler qu'elles forment, pour ainsi dire, le complément indispensable d'un intérieur.

M. DUPRÉ.—3027.— Intérieur de cour couverte.

Ce tableau est remarquable, non pas tant comme effet d'intérieur, que comme détails locaux; c'est un Flamand sous ce rapport; la cuisinière, le coq et la batterie de cuisine sont d'une exécution parfaite. Les parties du tableau qui sont dans l'ombre reculent bien sous le regard et laissent deviner ce qu'elles renferment. Le jour est un peu trop distribué à la manière de Rembrandt. Mais qu'importe ? C'est un accident qui n'est pas rare même dans notre vie de tous les jours et que l'on peut reproduire sans être accusé d'imitation ni de servilisme.

VUES D'ÉGLISES. — COINS DE NATURE.

M. GUÉ. — 1151. — Sainte-Cécile, cathédrale d'Alby.

Cette œuvre est, sans contredit, cette année, l'œuvre capitale de M. Gué. Il s'est au moins écarté une fois de ses éternelles études de plâtre. Il a mieux réussi que jamais; rien de plus chaud, rien de plus vigoureux que les deux tours de briques qui forment le second plan du tableau. Le coloris en est aussi vrai que le modelé : les fabriques de droite, en retraite sur le spectateur, ne le cèdent en rien aux deux tours, ni pour l'accent de nature, ni pour la verve d'exécution, ni pour l'originalité de leur type architectural ; c'est, en vérité, un tableau complet et qui ne laisse aucune prise à la critique. Les figures mêmes ne tombent pas en avant comme de coutume, et sont bien à leur place.

1154. — Intérieur de cour à Royat.

Hors les premiers plans qui sont mous et monotones, M. Gué, dans cette production, n'est pas descendu au-dessous de lui-même. Ce pré jaune et vert et ces lointains brumeux que l'on aperçoit par la baie entr'ouverte de la porte-fermière, sont d'un charme et d'un accent de nature inexprimables. Leur fuite vers l'horizon est admirablement sentie, et rendue avec un égal bonheur. On y sent bien le soleil sur les terrains et dans l'atmosphère.

Mais j'avouerai pourtant que je préfère, de M. Gué, la Sainte-Cécile à cet intérieur.

M. DAUZATS.— 561. — Abbaye de la Chaise-Dieu (Auvergne).

Peu de peintres, en ce genre, ont atteint la vigueur et l'énergie du pinceau de M. Dauzats. C'est une mode maintenant de faire du plâtre et d'en mettre partout, fût-ce à contre-sens. M. Dauzats a voulu prouver et a prouvé qu'avec des tons bruns on arrivait à un résultat encore plus remarquable : son Abbaye le prouve; rien de plus pittoresque et de plus solide, rien de plus varié que les fabriques du premier plan à gauche ; et cependant le peintre n'a pas eu recours au plâtre de rigueur : il s'est contenté des tons que la nature lui offrait. Du reste, la fuite ascendante de l'escalier ne se comprend pas assez, les terrains du premier plan sont un peu mous et les nuages trop aqueux. Mais cela n'empêche en aucune sorte que ce tableau ne mérite d'être placé immédiatement après la cathédrale d'Alby de M. Gué.

AQUARELLES ET DESSINS.

L'aquarelle est arrivée à un degré de perfection qu'on osait à peine entrevoir il y a quelques années. Beaucoup plus difficile, mais d'une exécution plus rapide que la peinture à l'huile, elle a obtenu la même richesse de tons et plus de finesse de nuances. Nous ne déciderons pas sur le mérite comparatif des deux rivales. En fait d'arts, tous les procédés sont bons, si les résultats le sont. Or, les aquarelles de MM. Chenavard, Boulanger, Barye et de mademoiselle Alaux ne le cèdent en rien aux meilleures peintures exposées cette année. Jugeons donc les œuvres, non les genres!

M. CHENAVARD. — 3272. DÉCORATION POUR LA CHAPELLE DU CHATEAU ROYAL D'EU.

Tout ce que la poésie a de plus riche et de plus varié, tout ce que la renaissance et l'Orient ont jamais rêvé de plus brillant et de plus enchanteur, se trouve réuni dans cette chapelle. Ce sont mille corbeilles de fleurs jetées sur les dalles et sur les parois. On se croirait dans les bosquets de la Louisiane ou de la Floride, entouré d'apios, de bagnolias, de mélézes, enivré de leurs parfums, baigné des gouttes de rosée qui pleuvent de leur calice, bercé par les chants d'une foule d'oiseaux qui se croisent dans les airs comme des gerbes d'étincelles. C'est un conte des mille et une nuits, une jodle viennoise qui vous vient folle et rieuse, comme une brise de printemps. On se sent timide et pensif à la vue de cette chapelle qui exhale, pour ainsi dire, par tous ses pores, une piété douce et recueillie : le rire de l'incrédule expire sur vos lèvres, et, faible enfant, vous êtes tenté de vous agenouiller devant ce Dieu que vous insultiez hier. Car la poésie est une autre religion, et vous êtes là sous l'influence de la poésie.

Et certes, il faut le dire, l'œuvre de M. Chenavard n'est pas une œuvre ordinaire et banale. Ce n'est pas une chapelle, comme tant d'autres, où la pensée humaine domine la pensée divine. Là, tout est symbolique et sacré. Tout a été combiné dans un seul but. Il est vrai que la puissance de l'exécution a presque plus fait que la composition. Regardez la vigueur de ces touches et la précision de ces lignes; regardez l'intarissable fécondité de ces arabesques, et la vérité poétique de cet effet d'intérieur. Mais, je le répète, une grande idée, une idée de croyance, a présidé à tout cela, sinon vous n'eussiez eu que le boudoir d'une actrice.

M. BARYE. Les aquarelles de M. Barye sont

aussi vigoureuses que ses sculptures. On peut dire hautement qu'avant lui on connaissait peu ou point le genre qu'il exploite. C'est que jusqu'alors on n'avait modelé ou peint les lions, les tigres et autres bêtes féroces que de souvenir, ou d'après un récit. M. Barye a été surprendre la nature sur le fait; il a été entendre rugir le lion, il a suivi d'un œil infatigable, le développement de ses muscles et de ses allures, il a cherché à lire dans ses regards la cause de ses moindres mouvemens, il a interrogé chaque poil de sa face, chaque ride de son cou nerveux; puis, quand il s'est trouvé de plein-pied avec l'animal qu'il voulait peindre, il s'est dit : « Il est temps, » et il a frissonné devant son œuvre.

Et ce ne sont point là de vaines déclamations; j'affirme, sans connaître M. Barye, que la chose a été telle. Hoffman tremblait devant les fantômes que son imagination évoquait. Je vais plus loin; je défie qui que ce soit de s'arrêter devant les deux jeunes lions du cap (98) sans se sentir remué d'une impression profonde. Quel modelé dans la tête et dans les pattes de devant! comme l'un d'eux s'étend avec force et ramasse sur ses flancs, sa crinière naissante! Quel éclat fauve dans son regard! quelle vigueur dans son organisation!

Les deux tigres du Bengale (99) prouvent d'une manière irrécusable, ce que j'avançais tout-à-l'heure, que M. Barye a étudié, avec la conscience la plus scrupuleuse, les mœurs des animaux et les mille nuances qui les caractérisent. Le jeune lion du cap est digne et calme dans sa férocité; un je ne sais quoi l'entoure d'une majesté sauvage qui terrifie, mais qu'on ne hait pas. Le tigre du Bengale, au contraire, est debout, promenant çà et là son œil oblique et soupçonneux. Il a quelque chose de faux et de timide dans son allure et dans son regard. M. Barye n'a oublié rien de tout cela.

Nous avons encore, du même auteur, diverses autres aquarelles qui sont égales aux deux précédentes pour la couleur et le caractère. Il est inutile d'en parler, nous serions forcés de revenir sur les mêmes éloges.

M. BOULANGER est un de nos peintres modernes qui ont poussé l'aquarelle au point de perfection où elle est arrivée. Nous en citerons trois, entre toutes, parce qu'elles nous semblent réunir à la fois ces trois qualités essentielles de la peinture : le dessin, la composition et la couleur :

La première, tirée de la Notre-Dame de Paris et représentant la Esmeralda chez la Gondelaurier (246).

La seconde, représentant le miracle de Saint François (248).

La troisième, une prière à la Madone.

La première est la seule où la Esmeralda de

M. Victor Hugo ait pris corps et ame et se soit faite visible. La pauvre jeune fille, timide devant les riches damoiselles qui la contemplent avec envie, timide et rouge devant Phœbus, la tête baissée, les bras pendans, les pieds nus, est posée avec une délicieuse naïveté; il y a de l'embarras, de la pudeur et de l'amour, dans l'expression de ses traits ; mais il semble que M. Boulanger lui ait sacrifié le reste de ses personnages; car ceux-ci sont pâles de dessin et de caractère et ne sont nullement en scène.

La seconde est la plus remarquable des trois. Le profil de la mère est d'une angélique pureté et le mouvement de son corps d'une grâce et d'un sentiment exquis. L'enfant surtout est d'une composition et d'une exécution qui mettraient M. Boulanger parmi nos premiers peintres, s'il était moins inégal et moins négligé.

Je compare la prière à la Madone à une Harmonie de Delamartine, ou plutôt à une Feuille d'automne de Victor Hugo. Cette tête livide et creuse de vieille femme, à côté de cette fraîche jeune fille, agenouillée près d'elle, et lui soutenant les mains de ses deux mains blanches et potelées, cette prière d'une moribonde pour une vivante, et d'une vivante pour une moribonde, tout cela s'est animé, et a pris place sous le pinceau de M. Boulanger

MADEMOISELLE ALAUX. — 13. — Basse-cour.

Cette aquarelle est vraiment un chef-d'œuvre en ce genre, pour la finesse du pinceau, l'exactitude du modelé et la richesse du coloris. Le coq est d'une vigueur d'exécution qui l'emporte sur Fielding : les pintades sont peintes avec un accent et une légèreté admirables. Au surplus, tout est fait avec une égale conscience.

M. MORIN. — 1764. — Une montre royale sous le règne de Louis XII.

S'il y avait plus d'air et de soleil dans cette aquarelle, ce serait peut-être la plus remarquable du Salon. M. Morin procède plutôt par masses que par détails; il ne voit d'une foule que les traits caractéristiques et saillans; d'une rue gothique, que les pignons inégaux des maisons et la couche plus ou moins brune, plus ou moins claire qui les couvre. Sa palette est riche et variée, mais son pinceau n'est pas assez ferme, ni assez précis, et cela de telle sorte, qu'en s'approchant un peu de son aquarelle, on ne distingue plus rien. Il faut la voir à distance; alors, l'effet est pittoresque et vrai, et les groupes suffisamment accusés.

M. GUÉ. — Les aquarelles de M. Gué sont aussi belles de ton que ses peintures à l'huile.

Nous avons remarqué, entr'autres, la croix de Pouzzols (Auvergne 1159), la vallée de Dampierre (1160), et une croix, effet du soir (1164).

M. DAUZATS — 566. — Etudes de figures.

Ces études révèlent dans M. Dauzats un talent différent de celui qu'il avait annoncé dans ses intérieurs et dans ses vues d'églises. Quoi de plus riche et de plus chaud, en couleur et en caractère, que ses études d'Egyptiens?

M. DECAMPS. — 2995. — L'accord parfait. — 2995. — Désaccord.

C'est chose merveilleuse de voir avec quelle verve comique M. Decamps exploite cette caricature de l'homme, le singe. Ce n'est plus ici le singe transformé en homme, c'est l'homme transformé en singe; ce sont toutes ses colères, toutes ses passions jetées dans ce moule ridicule, et vues par leur côté burlesque. C'est une critique amère de notre société bâtarde, qui chaque jour va s'affaiblissant, jusqu'à ce qu'elle renaisse à une vie nouvelle, où qu'elle redescende enfin dans le tombeau de la barbarie : à Dieu le choix.

Un examen sérieux de ces deux aquarelles est impossible. Quelle a été l'intention du peintre? d'exciter le rire; a-t-il réussi? oui. Que nous importe donc le reste?

M. DURAND. — 799 — Monument de Normandie.

Je doute que l'on ait atteint la perfection avec laquelle M. Durand sait rendre, à la mine de plomb, toutes les efflorescences d'arabesques et de chapitaux, les mille aiguilles dentelées, les ogives découpées en trefle, les légers arcs-boutans, les campaniles ciselées à jour, enfin, toutes les richesses de l'architecture gothique. C'est un travail et une précision qui confondent l'esprit. Mais il n'y a que du trait; la perspective aérienne est inconnue à M. Durand.

M. ROBERTS. — 2035 — Vues de l'intérieur de la cathédrale de Chartres.

Ces intérieurs peuvent être placés parmi les plus remarquables du Salon. La longue fenêtre ogive, aux vitraux coloriés, qui se trouve dans l'un des deux est d'un effet merveilleux. Nous voudrions seulement plus de vigueur et d'âpreté même dans quelques parties sombres.

M. ROBERT FLEURY. — Les aquarelles de de M. Robert Fleury sont d'une grâce et d'une finesse de tons remarquables. Ses figures sont adroitement disposées, et se font bien ressortir l'une par l'autre. La pose de sa châtelaine est peut-être un peu guindée; mais quoi de plus spirituel et de mieux compris que la tête du fou? Le sarcasme est encore sur ses lèvres; mais un regard de sa suzeraine en adoucit l'amertume. La seconde aquarelle, représentant une dame assise devant sa table de toilette, et un jeune page qui semble attendre ses ordres, debout à côté d'elle, est d'une composition plus vraie et d'une exécution mieux sentie. Le jeune page est peut-être un souvenir des maîtres flamands; mais la dame tout entière, dans l'expression de sa tête, dans le mouvement de son corps, et dans les plis de sa robe, est d'un sentiment exquis. M. Robert Fleury nous prouve ainsi que son domaine de peintre ne s'étend pas au-delà des sujets gracieux, et qu'il s'expose, en voulant l'agrandir, à de tristes échecs.   T.

FLEURS.

Parmi les artistes qui ont exposé des fleurs cette année, trois surtout méritent d'être distingués : Ce sont MM. Vandael, Van-Os et Redouté pour l'aquarelle. Parmi les dames, madame Nepveu mérite la première place; nous devons citer encore mademoiselle Cornélie Van Spandonck et mademoiselle Devéria pour l'aquarelle.

Les tableaux exposés par M. Vandael (2312), sont, en général, d'une composition agréable, la touche en est gracieuse et légère, la couleur harmonieuse. Ceux de M. Van-Os ont des parties plus vigoureuses; la nature, chez lui, est rendue plus largement; M. Vandael plaît davantage; il attire par sa couleur vive, légère et pleine de charme; chez M. Van-Os, la touche, plus ferme, surprend plus qu'elle ne plaît. En somme, tous deux rendent admirablement la nature, mais d'une manière différente.

Il est impossible que M. Redouté, dans le cours d'une longue carrière, consacrée tout entière à l'étude des fleurs, ne se soit pas répété plus d'une fois. Aussi trouvons-nous que les tableaux qu'il a exposés cette année ressemblent beaucoup à ceux des autres années, et réciproquement. Ils ont également toujours le même mérite.

Les fleurs de madame Nepveu (1795) sont d'une composition grande et large; la couleur en est fine et pleine de goût. Plusieurs même sont rendues avec beaucoup de vérité; nous lui reprocherons quelquefois un peu de mollesse. Que madame Nepveu continue ainsi, et elle se fera un nom dans ce genre.

SCULPTURE.

La sculpture offre cette année deux divisions notables ; l'une de ceux qui ne voient dans l'art que le beau, l'autre de ceux qui n'y cherchent que la vérité ; ce qu'il y a de remarquable, c'est que l'un et l'autre de ces deux genres sont soutenus par des hommes d'un grand mérite, qui, presque tous, ont exposé des ouvrages dignes d'eux.

Parmi les premiers, on remarque une amélioration sensible, celle de chercher des types à eux, un beau qui leur appartienne.

Pour les seconds, l'art est plus large ; avec eux la sculpture tend à se raprocher de nos mœurs ; ce n'est plus seulement un art privilégié pour les gouvernemens, il est devenu accessible aux simples particuliers ; ainsi que la peinture, il s'est identifié à nous ; comme au XVe siècle, il s'est glissé dans le foyer.

Mais ce n'est là que son moindre avantage ; la sculpture a suivi une route toute nouvelle sous le ciseau de nos jeunes artistes ; ce n'est plus la répétition continuelle des mêmes formes, des mêmes figures, des mêmes types sous des dénominations différentes, c'est, comme la peinture, la représentation d'une action, ce sont des hommes qui pensent, qui agissent, qui sentent ; ce ne sont pas seulement, comme autrefois, d'éternels modèles d'ateliers qui posent. Envisagée sous ce point de vue, la sculpture est un art immense, elle a sur la peinture un avantage capital, celui des saillies réelles; et, nous devons le dire, ce genre a sur l'autre, cette année, un grand avantage, celui d'avoir produit un plus grand nombre d'ouvrages remarquables.

M. PRADIER est du petit nombre de ceux qui font du beau idéal sans copier toujours les mêmes types, il a un modelé tout-à-fait à lui, plein de vigueur, de finesse et de vérité. M. Pradier affectionne les sujets antiques sans pour cela imiter machinalement les anciens, on sait comment il a traité le groupe des *trois Grâces*. Cette année, M. Pradier nous a donné un Cyparisse (2642), on y remarque, comme dans tous ses ouvrages, l'admirable modelé des formes et le fini de l'exécution; la pose du corps est naturelle, et l'effort que fait Cyparisse pour plier la branche d'arbre est bien rendu. Son cerf étendu à ses pieds, est d'une grande vérité. On doit encore à M. Pradier une chasseresse (2643), morceau exécuté en marbre.

M. DURET. — Parmi les sculpteurs qui nous viennent de Rome chaque année, M. Duret mérite d'être distingué. Son Mercure, exposé il y a deux ans, avait révélé en lui un véritable talent; depuis M. Duret ne s'est pas démenti, nous pouvons dire même qu'il est en progrès. Son pêcheur napolitain (2525) est sans contredit un des plus beaux morceaux du Salon ; il n'a rien de la monotonie habituelle des figures que nous offrent continuellement les élèves de Rome ; le type en est neuf, la pose du corps est gracieuse et légère, tous les membres sont bien en rapport les uns avec les autres, le modelé du torse est admirable, et la figure est d'un sentiment d'expression convenable.

Le groupe de Caïn (2539) de M. Etex est d'un bel ensemble de masse ; il y a de l'originalité dans cette composition, les têtes sont d'un type neuf, mais celle de Caïn est plutôt d'un homme abruti que d'un homme frappé par la malédiction divine, la femme est ce qu'il y a de mieux étudié ; mais, n'étant pas coupable, elle ne devrait pas être plongée dans le même anéantissement que son mari. Caïn est trop gros, trop massif et trop court ; il lui serait impossible, tel qu'il est, de pouvoir se lever ; les muscles de ses membres sont en général trop durs, et renferment des parties trop exagérées ; malgré ces défauts, ce groupe est encore un ouvrage remarquable surtout quand on pense à ses dimensions colossales.

M. RUDE. —2652— UN JEUNE PÊCHEUR NAPOLITAIN.

La pose simple et vraie de ce jeune pêcheur,

jouant avec une tortue, et l'expression naïve de sa figure, le modelé délicieux de ses formes font de cet ouvrage un ensemble parfait. Nous ferons cependant à M. Rude une remarque qui n'est pas sans importance, c'est que les formes nous paraissent trop douces, trop gracieuses pour un pêcheur, et qu'on le prendrait plutôt pour un pêcheur d'opéra.

M. BARYE s'est créé un genre tout-à-fait à lui, qu'il exploite seul et d'une manière supérieure; pour lui, la sculpture n'est point une simple étude de formes, il a étudié encore le caractère des animaux qu'il représente; il sait donner au lion la fierté qui lui convient, au cerf la simplicité, au cheval l'orgueil; il sait vous intéresser au sort de cette pauvre petite gazelle si naïvement morte. C'est Buffon statuaire. Mais ce qui n'est pas le moins extraordinaire chez M. Barye, c'est que son talent s'est révélé en lui d'une manière spontanée, que son coup d'essai a été un coup de maître. On se rappelle le tigre terrassant un petit crocodile, qu'il avait exposé au dernier Salon, et qui commença sa réputation. Aujourd'hui il est à sa seconde exposition, et vient de produire plusieurs morceaux d'un mérite capital.

Son lion (2458) est une grande et belle production, la pose a de la vigueur, tous les muscles sont bien accusés et l'exécution en est parfaite;

nous voudrions toutefois un peu plus de saillie dans quelques parties du front.

Le talent si original et si neuf de M. Barye se manifeste jusque dans les plus petites choses, voyez ses petits ours (3238 et 5239), quoi de plus naturel? et son éléphant (3241) et son cerf (3234), en un mot, tout ce qu'il a fait. Est-il possible de rien produire de plus vrai? je ne parle pas de sa petite gazelle (3242), chef-d'œuvre de sentiment et de vérité, qui prouve jusqu'où l'art peut aller; mais remarquez comme le caractère de chaque animal est fidèlement observé. Les ours, insoucians, paresseux, jouent nonchalamment au soleil; l'éléphant, bon père de famille parmi les animaux, animal rangé, d'une bonne conduite, se promène lentement en propriétaire; le cerf terrassé par deux gros chiens, meurt en pleurant et presque sans se plaindre, tant il est bon; la petite gazelle, simple, légère, agile, aimante, tuée par un chasseur, est morte sans s'en douter, on voit aussi qu'elle est morte sans effort. Et, que l'on y réfléchisse, tout cela est vrai; ce n'est pas seulement en étudiant des formes, mais en se pénétrant de l'esprit de son art, qu'un artiste parvient à produire de grandes choses. Ce mérite existe au plus haut degré chez M. Barye.

— M. Antonin MOINE est un de ceux qui ont le plus contribué depuis quelque temps à donner une nouvelle direction à la sculpture, direction toute de vérité, puisée dans l'étude de tout ce qui est dans la nature, et non dans l'étude exclusive du nu et du beau idéal qui ne l'est pas toujours. M. A. Moine nous a représenté des hommes habillés, parce qu'ils le sont, généralement du moins.

Il n'a pas fait de Romains, parce qu'avant tout il a voulu être national. Il a exploité le moyen-âge, parce que les costumes en sont plus pittoresques que les nôtres.

M. A. Moine sait composer une scène; il sait grouper des personnages, donner à chacun la physionomie qui lui convient; il sait mettre de la vérité jusque dans les moindres détails. Toutes ces qualités se retrouvent dans les petits bas-reliefs qu'il a exposés cette année sous le n° 3265, destinés à l'ornement d'un vase en porcelaine offert au public lors de l'exposition des produits de la manufacture de Sèvres. L'un représente Jean Goujon offrant à Henri II sa Diane de Poitiers, l'autre Léonard de Vinci peignant la Joconde.

Il y a dans ces deux ouvrages beaucoup d'harmonie, une grande entente de composition et un fini extraordinaire. Dans le premier, nous avons surtout remarqué le groupe où se trouve le roi. Henri II, appuyé sur le fauteuil de Diane qui regarde sa statue, est une figure achevée, sa pose est naturelle, et les détails de ses habits rendus comme M. Moine seul sait les rendre. Diane est jolie et gracieusement assise ; les seigneurs qui sont derrière le roi et ceux qui entourent la statue sont bien à leur plan. La dégradation des saillies est parfaitement observée, toutes les têtes sont dans le caractère du temps ; en général, il y a dans ces deux ouvrages une connaissance profonde de l'époque. Quant à Jean Goujon, sa pose a la simplicité et la modestie que savent avoir les grands artistes, et qui n'excluent cependant pas l'indépendance et la fierté.

L'autre bas-relief de M. Moine ne le cède à celui-ci ni pour l'exécution ni pour la composition. Les deux figures principales sont bien rendues, le vieux Léonard de Vinci, debout, et François Ier, assis, le regardant peindre. Il y a derrière la Joconde plusieurs groupes dans lesquels on remarque deux femmes appuyées l'une sur l'autre, toutes deux d'une délicieuse naïveté. Ces bas-reliefs ont été exécutés en porcelaine, le plâtre n'a été moulé que postérieurement sur un modèle fatigué, c'est ce qu'expliquent quelques imperfections de détail. On a prétendu que les figures n'avaient point assez d'expression, elles nous semblent au contraire suffisamment animées pour la scène.

Mais ce qui répond à cette critique, et ce qui vient prouver que M. Moine sait donner à ses figures l'expression convenable, c'est sa scène du sabbat (3266). Rien de plus original, de plus vigoureux, de plus fantastique. C'est un sujet d'imagination, et, quoi qu'on en dise, il y a là une idée : C'est le génie du mal sur son trône. Ce sourire diabolique du lutin, sa pose sur le dragon, le modelé énergique de ses formes, tout tend à donner le plus grand caractère à cette scène. Et puis, quelle vigueur d'exécution dans ce dragon sur lequel il est accroupi! C'est un vrai chef-d'œuvre d'horrible, composé de tout ce que l'imagination peut offrir de plus hideux, digne enfin de porter le génie du mal. C'est une vision de l'Apocalypse, un résumé de ces vieilles croyances du moyen-âge, qui tendait à personnifier le mal.

Il y a encore de M. A. Moine un buste de la reine (3264), ouvrage d'un genre tout nouveau, et qui rentre bien dans les idées de l'auteur. Il a eu à lutter avec la grande difficulté des détails, dont il s'est heureusement tiré. Quant au modelé de la figure, il a de la vérité. Du reste, ce buste n'est pas terminé, et M. Moine ne l'a sans doute exposé que par complaisance.

M. PRÉAULT. Parmi nos jeunes sculpteurs, M. Préault est un de ceux qui se sont révélés au public avec le plus de talent. Son groupe de la mendicité (2647) offre des parties pleines d'énergie. La tête du vieillard a de l'expression, ses joues caves, ses yeux creux accusent bien la misère et la faim. Une tête d'enfant, sur le premier plan à droite, est d'un accent de nature qui prouve bien, dans M. Préault, une étude consciencieuse de ces parias de la société qu'on appelle pauvres. Mais les pieds, mais les bras, mais les draperies, tout cela n'est pas fait. Nous engageons beaucoup M. Préault à nous donner autre chose que de belles esquisses; rien n'est à négliger dans l'art qu'il cultive, et c'est une vérité dont les artistes ne se pénètrent pas assez. Jean Goujon mettait de la vérité dans les moindres détails, son admirable talent se révèlait jusque dans les plis d'un vêtement.

Le Gilbert de M. Préault se distingue encore par une grande énergie; mais ce n'est pas plus Gilbert que tout autre homme mourant de faim. M. Préault n'a rendu que les souffrances physiques, et n'a pas imprimé de génie sur la figure du poète.

Mais ce que nous avons trouvé de plus remarquable, dans ce qu'a exposé M. Préault, c'est un groupe de pauvres femmes. Il y a dans l'une des deux têtes un sentiment profond de malheur, profondément rendu; c'est là tout le groupe.

Que M. Préault continue à étudier cette sculpture d'expression, la plus grande de toutes, et surtout qu'il n'en néglige aucune partie ni aucun détail, et nous aurons un véritable sculpteur de plus.

M. CHAPONNIÈRE a exposé cette année plusieurs morceaux dans lesquels on remarque de grandes qualités. Son buste du duc de Nemours (2481) mérite surtout d'être distingué. Il y a de l'enfance et de la naïveté dans la figure du jeune prince. La tête est bien étudiée, et les ajustemens sont rendus avec une grande vérité.

La jeune grecque au tombeau de lord Byron (2480) est d'un ensemble gracieux, et il y a beaucoup de sentiment dans la manière dont le sujet est traité. Ce n'est qu'une étude. Nous espérons que M. Chaponnière l'exécutera en marbre. Nous avons encore de lui des figurines dont plusieurs sont des morceaux charmans. Nous avons distingué le portrait de mademoiselle Juliette, qui est modelé avec un fini et une perfection rares.

M. JALEY fils a exposé, sous le n° 2613, une statue de la Prière sous les traits d'une jeune fille. Il y a de la simplicité dans la pose de cet enfant, du sentiment dans la tête, des parties d'un beau modelé, notamment dans le bas du corps, mais la draperie est mal posée, et le haut du corps annonce un enfant beaucoup plus jeune que la partie inférieure.

M. GECHTER. — Combat de Charles-Martel et d'Abdérame, roi des Sarrazins (2589).

Il y a de la vie et de l'action dans ce petit groupe; les armures de l'époque sont rendues avec une grande vérité; la pose de Charles-Martel et de son cheval est heureusement saisie, il y a de l'expression dans la figure du roi. Ce morceau, de M. Gechter, et deux autres tout-à-fait dans ce genre qu'à exposés M. Barye, sont des innovations qu'on ne saurait trop encourager.

M. DESBOEUFS. — 3247. — L'ange Gardien.

Il y a une naïveté simple et douce dans la tête de cet ange, qui ne manque pas du reste d'un certain caractère de l'époque dans laquelle l'auteur l'a placé. Tout est fait avec soin et rendu avec vérité, les cheveux, les vêtemens, les ailes de l'ange, jusqu'au petit enfant qu'il préserve du danger. C'est le morceau de M. Desbœufs que nous préférons aux autres.

M. VALOIS a exposé un petit groupe de trois têtes d'enfant (2660), le modelé de cet ouvrage est remarquable, la ressemblance et le caractère de tête de ces trois enfans sont bien rendus.

M. CAUDRON. — 2477. — Childebert assistant a des jeux.

Ce bas-relief d'une bonne composition manque un peu d'unité; plusieurs parties sont rendues avec beaucoup de force et de vigueur, nous y voudrions toutefois plus de simplicité.

M. LOUIS FEUCHERE a exposé cette année trois petits bas-reliefs remarquables par une naïveté et une simplicité charmantes. Celui représentant un jeune page reçu dans un couvent (2551), me paraît le plus fini. La tête du jeune homme a de l'expression, plusieurs têtes de moines sont, aussi, bien étudiées et leurs vêtemens rendus avec vérité; mais il n'y a pas d'air entre les différens personnages, et le bas-relief semble n'avoir qu'un seul plan. C'est un défaut assez général et auquel nos jeunes sculpteurs devraient faire attention. Il est encore bien plus sensible dans la résurrection du Lazare (2552), ouvrage, du reste, qui ne manque pas de mérite, et qui offre des parties bien modelées, et d'autres qui ne sont qu'esquissées. Nous croyons devoir citer encore de M. Feuchère, deux enfans (2553), petite production pleine de grâce.

— Ce n'est point sur la Esmeralda de M. Duseigneur qu'il faut juger du talent de cet artiste. Nous savons que pour le moment il est occupé d'un groupe capital; nous espérons que cette production ajoutera à la réputation de l'auteur de Roland. Nous avons cependant de lui un cadre de médaillons dans lequel on trouve, outre la ressemblance qui est frappante, une grande vérité de modelé.

Il y a de l'étude dans l'Ulyse de M. Barre, dans une baigneuse (2463) de M. Bougron et dans les animaux de M. Fratin.

Nous citerons de M. Dantan, dont tout le monde connaît les charges spirituelles, un beau buste de Pierre-Lescot; et, de M. David, le buste de M. Boulay de la Meurthe (3246) et différens ouvrages de M. Allier.

ARCHITECTURE.

L'architecture est une partie négligée dans les expositions, et cela tient au peu d'encouragement que reçoivent les artistes qui cultivent cet art. Il faut avoir véritablement du courage pour s'y livrer comme le font certains hommes, aussi méritent-ils plus que tous autres d'être appréciés.

M. BLOUET a exposé plusieurs planches de son bel ouvrage sur la Morée.

M. DUBAN a rendu avec une vérité parfaite une salle de villa antique. Le même artiste a encore exposé une foule d'autres dessins pris en Italie, dans lesquels on remarque les qualités qui le distinguent, simplicité de faire et vérité de rendu.

M. A. GARNAUD. — 2676. — Une fontaine a Clémence (Isaure).

Le projet de M. Garnaud est bien entendu d'ensemble, la composition en est simple et offre de l'unité. L'aspect de masse en est agréable, et chaque partie, prise séparément, supérieurement étudiée. Toutes sont bien en rapport avec le sujet. La masse principale est solide sans être trop lourde, les bassins destinés à recevoir l'eau, et tout ce qui dépend de cette partie de la fontaine, est d'une architecture légère et gracieuse; les profils sont d'un aspect délicieux. Chaque partie est à son plan et concourt bien à l'ensemble du monument. Quant au reste, ce projet est supérieurement rendu. M. Garnaud, au surplus, a fait ses preuves dans ce genre. On connaît entre autres les admirables *trophées de Marius*, dessin d'une grande exactitude, pris sur les lieux, d'une exécution supérieure, et que l'auteur vient enfin de livrer à la lithographie.

Nous citerons encore la restauration des Tuileries, par M. Lassus (2687), et une vue intérieure de l'église Saint-Pierre, à Rome, par M. Desplans (3291).

GRAVURE. — LITHOGRAPHIE.

Le temps nous manque complètement pour traiter ces deux genres d'une manière convenable. Nous citerons comme ce qu'il y a de plus digne d'être remarqué :

—François 1ᵉʳ et Charles-Quint, par M. Forster (2759), qui entre bien dans l'idée du tableau.

—Virgile lisant le VIᵉ livre de l'Enéide (3304), par M. Pradier.

—Cromwell (5299), par M. Henriquel Dupont, qui fait de véritables progrès dans la gravure à la manière noire.

— Un cadre de gravures sur acier (2759), par M. Colas. Plusieurs des médaillons qu'il contient sont d'une saillie vraiment extraordinaire.

— Nous citerons encore les aquatintes de M. Jazet.

— Un petit sujet intitulé : Nature (2881), par M. Gigoux, est ce qu'il y a de plus remarquable en lithographie. Nous citerons encore les portraits du même auteur, et plusieurs sujets de MM. Noël et Devéria. A.

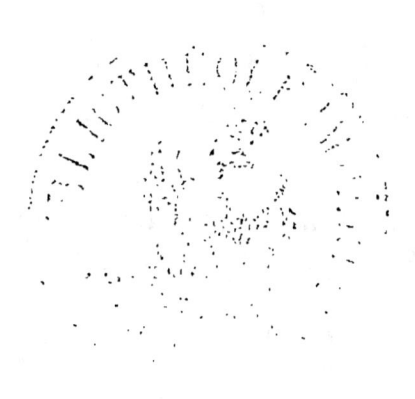

ERRATA.

Pag. 67, lig. 10 ; après : n'en ont pas besoin, un point d'interrogation.
  78   2 ; du boulevart, lisez : de boulevart.
  92   12 ; cependant, lisez : ce portrait.
  93   7 ; s'est enfin, lisez : s'est aussi.
 102   12 ; Schuntz, lisez : Schnetz.
 108   4 ; sa suite, lisez : sa fuite.

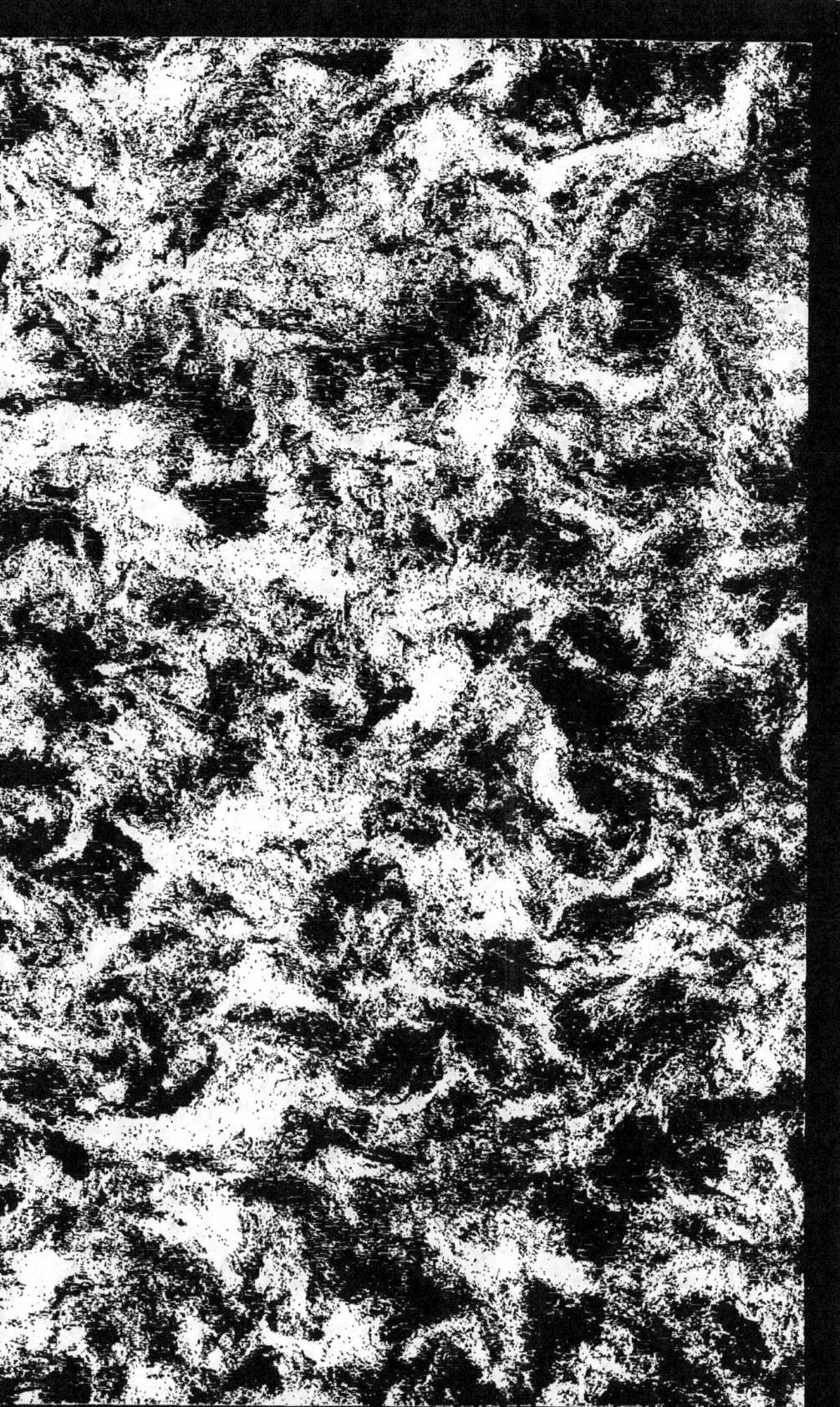

www.ingramcontent.com/pod-product-compliance
Lightning Source LLC
Chambersburg PA
CBHW052249220526
45471CB00001B/258